こころの未飽和と精神分析

転移覚書

松木邦裕
Kunihiro Matsuki

岩崎学術出版社

後で生まれたにもかかわらず，順番をまちがえてしまった亡き弟 茂樹に

まえがき

　本書『転移覚書』を書き終えた後に初めて私は気がつきました。この書はビオンの精神分析を探究してきたその過程で得られた，転移の理解と取り扱いに関するパーソナルな見解を書き上げたものですが，結果としてこの書は，精神分析における4つのパラダイムシフトを著すということになっていました。

　それら4つのパラダイムシフトとは，以下のことです。

　一つは「聴くこと」から「見ること」へのシフトです。現代の精神分析においてある分析家たちは，外的な視覚像とともに内的な視覚像，さらには面接場面での視覚体験に注目しています。たとえば，フェロらのポスト-ビオニアン・フィールドセオリーは中期ビオンの業績にフォーカスを当てています。これら「見ること」については，第2部で主に触れています。

　もう一つは精神分析技法での演繹法的アプローチから帰納法的アプローチへのパラダイムシフトです。これは1965年にビオンが「記憶と欲望」を講演したときに公けになりました。これは直観の使用，内的自発性に関わることで，パーソンズ，シミントン，クラウバーら独立学派において後期ビオンの影響の下，検討されてきていました。この点は主に第3部の技法論で触れています。

　そして3番目は精神分析技法の背景に位置する哲学として「認識論」から「存在論」，すなわち精神分析家の基本姿勢としての「知ること」から「なること」へのシフトです。このパラダイムシフトについても，やはり主に第3部の技法論で触れました。

　最後の4番目のパラダイムシフトについては，精神分析，とりわけビオンを「存在論」と見たとき，それは「在ること」なのか「いま，なっていること」なのかという問題にかかわります。読者には本書から読み取っていただきたいと思います。このパラダイムシフトは私見にすぎません。読者は読み終えられて，自由に肯定も否定もされるでしょう。

転移についての私見を著わすために，私には13年の歳月が必要でした。書いては納得がいかず破棄することを繰り返しましたが，私自身，どうしてそうなってしまうのかがわかりませんでした。今言えるのは，これらのシフトが私には見えてなかったのでしたから，行き詰まったのは当然でした。
　もう少し本書を紹介しますと，こうした新たな見解を提示しているとは言え，歴史的な認識を抜きに転移を語ることは不可能です。それゆえ，第１部ではフロイトに始まる転移史を追っています。ただ，それは私が関心を抱いてきた精神分析家の転移論へのパーソナルな見解であることは否めません。

　ひとが生きて存在し，誰かと関係を作り始めるとき，そこに転移現象は生まれています。生者と死者が出会ったとするなら，生者には転移という現象が生じるでしょうが，死者には発生しません。そもそも，そうした生きたダイナミックな現象としての転移を著わそうと試みました。
　けれどもその転移は，日常生活では複雑な人間関係が含む多彩な現実的なやり取りに混在して紛れてしまい，かすみのように漠としたままです。転移を見出すには，それを明瞭な輪郭で浮かび上がらせる確固とした枠組みが必要とされます。精神分析の外的設定と面接者の分析的態度という内的設定は，もっとも堅固な枠組みです。私が描いていく転移も，その設定の中の産物です。そこに現れる転移の実体を改めて問う。それが本書で私が試みている作業です。

目　次

　　まえがき　v

イントロダクション：転移再考 …………………………… 1

　　プロローグ：どうしてそれは転移なのか　2
　　　　1．抵抗・防衛・退行　3
　　　　2．転　移　4
　　　　3．逆転移　5
　　　　4．再び，転移へ　6

　　転移と不安　8
　　　　1．不安と転移　8
　　　　2．不安の性質　12
　　　　3．不安の性質を感知するために，場 scene の「空気」をつかむ
　　　　　　15

第 1 部　精神分析家たちと転移 ……………………………… 17

　　第 1 章　フロイトが描いた転移　19
　　　　1．フロイトの治療観　19
　　　　2．用語「転移」　21
　　　　3．転移の現象と技法　23

　　第 2 章　クラインの転移論と逆転移　27
　　　　1．クライン前期　27
　　　　2．クライン後期　29
　　　　3．技法の原則　30
　　　　4．リチャードの精神分析：『児童分析の記録（原題：ある子どもの
　　　　　　分析の物語り）』1961　31
　　　　5．補遺：逆転移に関する見解　34

　　第 3 章　ジョセフと現代クライニアンの転移と逆転移　36

1. クラインから現代クライニアンへ　36
2. 現代クライン派精神分析の屋台骨　37
3. ジョセフの転移論　37
4. 現代クライン派における「転移」　42
5. 逆転移論　43
6. ジョセフの技法論　45
7. まとめ：ジョセフの転移論　48

第4章　ウィニコットの転移　49

1. 転移の2水準　49
2. 重篤な精神病体験とは　52
3. 転移の展開　53
4. 分析的な治療者論　56
5. ウィニコットの事例：「引きこもりと退行」1954より　56

第5章　ビオンの転移論　58

1. 前分析家時代　1940年代のグループ研究期　58
2. 前期ビオンと転移（統合失調症論文〜考えることに関する理論）1950年代から1961年　60
3. 中期ビオンと転移（Learning from Experience 1962, The elements of Psycho-Analysis 1963, Transformations 1965）1962-1965　68
4. 後期ビオンと転移（1965-）　76

第2部　私的な転移論：転移の要素　…………………83

第1章　転移現象を考える　85

1. 転移現象の3要素　85
2. 転移の本質　86
3. 精神分析過程　86

第2章　転移を構成するもの：行為，物語り性，象徴　96

1. フロイトの体験：ヒステリー・夢・転移　97
2. ビオンの臨床姿勢から浮かび上がるもの：観察，内的視覚像　101

第3章　転移の起源：思考　107

         1. 外界と思考　107
         2. 思考の「実在化」としての転移　110
         3. 転移現象に見られる思考の水準　111
         4. 転移過程での思考の変形　118
         5. 原初的思考と原初的視覚像　120

　　第4章　現象としての転移：転移の実在化　125

         転移現象が実在化する空間：そこでの3領域——分析家という人物，
         面接室という空間，分析家のこころ　125

第3部　転移からの技法論　…………………………………　149

　　第1章　転移が導く精神分析過程：破局の出現　151

         1. オープニング・ヴィネット　151
         2. 精神分析過程とこころの変化　152

　　第2章　転移の取り扱い：分析空間における転移の感知法　154

         1. 精神分析の方法　154
         2. 精神分析での分析患者のこころの真実を見出すための二つの道
            164

　　第3章　二つの技法をどう使い分けるのか，切り替えるのか，どち
         らかだけで行くのか：共通点と相違　187

         1. 精神分析の訓練と方法　188
         2. 訓練と経験を積んだ治療者として：帰納法的アプローチが自生し
            てくるとき　191
         3. 二つの技法を使う　194
         終わるにあたって　196

　文　献　197

　長めのあとがき　205

　索　引　208

イントロダクション：転移再考

プロローグ：どうしてそれは転移なのか

　その男性は私と玄関であいさつを交わした後，先に面接室に入って彼を待つ私を追って入室しました。いつもながらのやや硬い緊張した表情で2，3歩歩みを進めたところで立ち止まり，壁に掛けられている絵に向かい合い，じっと見詰めました。
　その絵は，秋の終わりを思わせるヨーロッパの牧草地――わら色の短い草々が混ざった緑色の牧草と屋根が壊れてしまった石造りの朽ちた小さな小屋――が描かれた，静寂を感じさせる版画でした。
　彼はひとりごとのように，「この絵は前からここにありましたか」と，振り返り私に尋ねました。私は声には出さず，わずかにうなずきました。いつもとは異なり絵に注目した彼のふるまいから，私は内心，今日はいつもとはちがう分析セッションになるかもしれないと思い，その絵が感じさせる寂しさという重い感情がすでに彼のこころにあるのだろうかと思いを巡らしていました。
　それから彼はおもむろにカウチに横になり，天井の照明――それは照度をかなり落としているものでしたが――がまぶしいかのように顔をしかめ，左腕を顔に回して眼を覆おうとして途中でやめ，その腕をからだの横の位置に戻しました。
　数秒の沈黙がありました。発語前の彼は明らかに緊張しているようでした。顔に少しまだらな赤みがあり，両手はこぶしを形作りからだにこわばりがありました。それから彼はおもむろに口を開きかけ，しかしことばは発することなく，そのまま静かに息を飲みました。
　ここに生まれていた空気は，私の中に，昨日の分析セッションの終わりに彼が語っていた苦痛，この分析が苦しいから彼女との間に安らぎを求めているとの彼の発言，無口な父親に非難のことばを激しく浴びせる母親という彼

が語った場面の視覚像が自然に甦ってきました。

*

　しばらく前から彼が私に勝手に侵入してくる母親を見ており，私の解釈はすべて彼には彼に侵入し彼を強制するものと受け取られているとそのとき私が思ったこともまた，私の中に甦りました。彼のその受け取り方は，パーソナルな私にとっては誤解ですが，私たちの精神分析過程では起こることになっているものという理解が私の中にあることも私は知っていました。ですから，この場の私も彼には勝手に侵入してくる母親としているのだろうと思いましたが，それが私を動揺させることはありませんでした。

　この現象の描写は，私が経験した一つの分析場面です。その記述から，読まれた方は読みながら自身の中で，この場面とその情景を視覚的に思い浮かべられていたことでしょう。そこに生じたかもしれない物音や発語を聴覚的に再生された方もおられるでしょう。そして私の記述による場面描写から，それが現象の客観性を保持しようと試みていながらも，すでにここには私独自の理解，とりわけ転移理解が背景に置かれていることにも気がつかれたことでしょう。

*

　それにしても，どうしてそれは転移なのか。それは，私たちが精神分析を臨床の方法として用いている臨床家である以上，皆それぞれのこころに自分自身の「転移」コンセプトを前概念として持ちつつ，患者/クライエントにかかわっているに違いないからです。
　ところでここで，もっと広い展望から，この「現象」を私たちが精神分析臨床家として精神分析の視座から理解しようとするなら，それはどのように概念化されるかを少し検討してみたいと思います。

1．抵抗・防衛・退行

　彼がカウチにすぐに横になることをせず，版画を眺めたのは自由連想を始

めることへの彼の「抵抗」だったのかもしれません。また,「まぶしいかのように顔をしかめ,左腕を顔に回して眼を覆おうとし」たのでしたが,これも彼のすべてが私の視界にさらされていると感じたところからの遮るという「抵抗」の行為だったと見ることができるかもしれません。それに対して,彼はおもむろに口を開きかけたのは,彼自身で「抵抗」を克服しようとしていたということなのでしょうか。

あるいは,明かりを遮るという振舞いは,私の注目から自身を守ろうとする「防衛」の行為だったのかもしれません。彼が発語せずそのまま静かに息を飲んだのは,それは彼自身について語ることを避けるための「防衛」が作動したのでしょうか。彼は版画に気持ちの重さを投影し,その感情の排出を試みていたのでしょうか。

それとも,絵について私にひとりごとのように尋ねたのは,彼が「退行」していることを示していたのでしょうか。「目を覆おうとする」振舞いも,子どもになった彼の「退行」的な振る舞いと見ることができるかもしれません。

＊

ここまで,「防衛」,「抵抗」,「退行」という代表的な精神分析概念から,彼が表出した現象への分析的理解を試みました。

これらの分析概念を使用することが,面接場面での現象から彼のこころのありようを理解しようとする私たちの試みを深める視座を提供してくれることは確かです。それらの概念を使うことで,現象に含まれうるこころの無意識的な活動状況を想定させてくれます。たとえば「抵抗」という概念を導入したなら,彼は自身の何が露わになることを怖れたのか,私の何を怖れたのか,それらの「抵抗」を克服できたとしたのなら,それはどのようにしてなされたのか,と考えを進めることができます。こころの活動をめぐるこれらの問いの発見は,「防衛」や「退行」についてもあてはまるでしょう。

2.転 移

それでは,ここに「転移」の視座を持ち込むなら,それから何がもたらさ

れるでしょうか。「転移」の視座を持ち込むときに視界に浮かび上がるのは，面接室への入室時，カウチに横たわってからの発語に見られた彼の緊張です。

それはまるで私を怖れているかのようです。いや，怖れているのでしょう。あかりを遮るという振舞いは，私への怖れを追い払おうとしたのでしょうか。私の中に自生的に浮かんだ前日の分析セッションの内容は，彼が私に勝手に侵入してくる母親をこの場面でも見ていることはありそうでした。私がいつ彼に侵入的な発言をするかもしれず，不安で彼は緊張しているのかもしれません。しかし，それはこれからの展開によって裏付けられる必要があります。

転移には，このように二者の関係性での相互作用という，今ここにある分析関係と同じものが含まれます。そこが「防衛」や「退行」という一者心理学的な視点と異なるところです。また，「聴くこと」からその人を知ろうとするのではなく，今ここで起こっていることを「見ること」を通してわかろうとすることも含まれます。

3．逆転移

ところで，いつもとは異なり絵に注目した彼のふるまいから，私は内心，今日はいつもとはちがう分析セッションになるかもしれないと思ったことは，彼のふるまいに私の好奇心が駆り立てられたことを伝えています。ここから何かが現れるという期待が私の中で膨らんでいっています。そのことは私に意識されていた気持ちでした。それは無意識の転移と定義される狭義の「逆転移」ではありませんが，ハイマン的な広義の「逆転移」とは言えそうです。

しかしながら，ここに生まれていた空気から私の中に彼の発言，彼が語った両親の喧嘩の場面が自然に甦ってきていました。そのセッションでの彼の発言や態度から私が思ったことも私の中に甦っていました。このように自生的に私の中に現れ，意識化されているところの大きい私の中の心的活動は「逆転移」と表現するより，分析家側の平等に漂う注意からの産物とも言えるでしょう。それを私はビオンに倣い，「もの想い」と表現したいと思います。そして逆転移は分析家が意識できない自身の考えや感情に取っておきたいと思います。

ハイマンが彼女の逆転移論を1950年に提示したときには，まだ「もの想

い」というコンセプトは存在していませんでした。しかし今では私たちは「もの想い」を知っています。

4．再び，転移へ

　ここで再び主題に戻ってみましょう。「どうしてそれは転移なのか」です。
　それは，私に「転移」という概念が備わっていたからです。その認識のための道具が使えたからです。私が「防衛」という概念しか持たなかったのなら，それを理解のための道具としてどんな防衛機制が使われているのかを知ろうとしたでしょうし，「退行」という概念しか持たないなら，それを道具として，どの生育時期のどの環境に子ども返りしているのだろうかと見ようとしたでしょう。
　日常生活の中で私たちが馴染みのないものに出会ったとき，それが「ストレンジ（見知らぬもの，奇異なもの）」と感知され私たちを不安にするゆえに，それをそのままそれとして受け入れることは困難です。「すでに知るもの」と，およそ無意識裡に関連づけることで安心を素早く得ようとするのです。こうした関連づけを私たちは乳幼児期から積み重ねてきています。
　それらは
科学的因果関係に基づくものもありますが，そうでない主観的なつながり形成（「恒常的連接」Hume）もあります。むしろ，多くは後者です。これらの関連づけが蓄積されていくとことばで語られる「物語り」narrative が形成されます。そしてその「物語り」に沿って楽観したり悲観したりする，その人の「信念」やものごとや人についての「観（みかた）」となります。私たちが知るのは，それらの「信念」や「観」は，意識されているものは，いわゆる氷山の一角で，ほとんどは無意識なのです。
　ここに述べてきたこころの性質を一言で言うなら，「転移」なのです。フロイトは，こころの働きに「防衛」，「退行」，「抵抗」を発見し，最後に「転移」を発見しました。それは，必然的な過程だったのでしょう。その一人の人間という存在を，微視的に見るところから，それと同時に視点を移し眺望するようになりました。転移は，こころを理解するという点で綜合的です。つまり，もっとも有用なのです。

とは言え,「転移」の概念化は人により異なっています。それは,転移が分析臨床に使用する道具とは言っても,定規や体温計のように外界に存在する具体的な事物ではなく,概念,つまり諸思考で構成された枠組みだからです。ゆえに細かに見るなら,100名の精神分析臨床家がいるとしたとき,その一人ひとりが転移をその人独自に概念化し,定義していると言えるでしょう。ですから,私ではない別の誰かがこの分析セッションを経験したなら,その現象の描写は異なることでしょう。そのひとりの精神分析臨床家として私の知る転移をこれから述べていきます。

転移と不安

1. 不安と転移

　精神分析的な臨床場面では，「転移」という概念を意識の外に置きながらも私たちのこころの何処かに留め置いていることは改めて述べるまでもありません。そこでの「転移」概念は，患者/クライエントがその場面に持ち込む形のないものをその枠に収め，有限化と内的な視覚化に向けて作動する有用な臨床ツールです。しかしながら，その転移は変化を絶えず続けるダイナミックなものであり，私たちは枠を保持しながら，その動きについていくこと，必要に応じてその枠を変形することこそが必要になります。

　転移が必然的に内包するそのダイナミズムを私たちがより適切に認識するためには，平等に漂う注意を向けておくもう一つのものを持つ必要があります。それが「不安」です。その患者は何らかの不安を抱えているがゆえに，それに対処してくれる相手を求めています。すなわち，不安は治療関係の導き手であり，転移関係の導き手なのです。

　今，どんな不安をどのような強さで目の前のこの人は抱いているのか，そもそもどんな不安にこの人が人生を通して苦しみ，動かされ，生きてきたのか，それを私の前でどのように表しているのか，もしくは表さないままにいるのか，私はもの想いの中でそれとはなしに思いを巡らしています。

　治療者によっては，葛藤とその防衛に注意を向けるかもしれません。確かに不安は葛藤から発生するといってよいでしょう。その人は何に葛藤しているのか，それにどのような防衛を作動させてうまく処理できているのか，あるいは処理できず不安を募らせているのか，と。しかしながら，このようなとらえ方は実践場面にはいささか不向きに私には思われます。

　なぜなら，葛藤を定式化するには2つの対立する概念を想定する必要があ

ります。加えてその防衛機制を想定するなら，さらに1, 2の，場合によっては3つの防衛を思い浮かべ検討していく必要が出てくることになるでしょう。

　私にはそれは，分析場面で私たちが治療者として機能するには負荷が大きすぎて，知的になってしまう危険が大きすぎると感じられるのです。不安こそが，転移のダイナミクスにかかわるその中核です。

　一つの臨床ヴィネットを示しましょう。
　妄想を病むある女性がセッションにやって来るなり，前回来る途中に失くしたと思ってひどくがっかりした大切な傘が，帰ったら家にあって安心したとの話題を笑顔で語っていきました。
　明らかに彼女はこのエピソードをポジティヴな経験として語っていました。しかし，そこに喪失の不安が収められていることを私は感知しました。そこから私は，前回のセッションで私が提示した夏の長期休みという分離，もしくは治療者による分析時間の剥奪という喪失の不安が彼女の中でうごめいたことを思い出しました。それと同時に，これまでの経過から私は，彼女の視野が突然に狭小化すると同時に不安が一挙に膨張し，強い迫害不安に至ることを知っていましたので，私への陰性転移と陽性転移のバランスを考慮しておこうと思いました。
　私はその傘をめぐるエピソードを終わりまで聞いて，〈前回，私が夏の休みをあなたにお伝えしたので，あなたの大切なこの時間がなくなってしまうとひどくがっかりされたのですが，その休みまでには，まだ大切な時間があなたにある，と家であなたは気がつかれたのですね〉と解釈しました。
　すると彼女は笑顔で肯定し，休みへの不安な思いを語っていきました。
　この応答では，女性は私との間での抑うつ不安を肯定したものの，笑顔を保っていますので，私の解釈は彼女の深い不安に届いていません。
　それから彼女は話題を変え，前の治療者との一つのエピソードを話し始めました。
　あるとき彼女が，その治療者も知っている知り合いの男性の話をしたところ，前の治療者はその男性について彼が個人的に知っていることを二, 三話したのでした。彼女は，それを聴いてからその治療者に彼女自身の内密な話

ができなくなってしまったとこぼしました。

　私は，前の治療者が共通の知人についての外界現実を語ったことによって彼女は「内密な話ができなくなった」と，彼女の自由連想，つまり転移空想を含む語りに制御がかけられることになったと語っていることに注目しました。

　知人の話において彼女は，外界現実という外套をまとった空想を語っていました。それを前の治療者は現実の事態として応答し，それが彼女を不安にし，連想の制止を引き起こしていました。すなわち前の治療者は面接室に現実外界体験を持ち込むという形で分析的治療者としての枠を越えてしまっていました。この前の治療者の話は，今の私への警告です。

　私は〈あなたの前の治療者と同じように，治療者としての枠を越えることを私にはしないでほしい，とあなたが私に伝えておられるように思います〉と伝えました。ここで私は，傘や前の治療者という外界現実の実際には言及していません。私は，依存しようとする対象である私との間での私から枠を越えて侵入されるという彼女の不安だけを取り上げています。侵入されるという，彼女の迫害的な不安が濃くなってきているところに触れたのでした。

　その次の週にやってきた彼女は，週のセッション数を一回から二回に増やしたいと突然に言い出しました。私は，長期休みへの不安から私と多く会いたいと彼女は思い始めたようだが，私が治療の枠を守ること，すなわち今はセッションを増やさないことが大切に思えると伝えました。それからやり取りは続きましたが，結局，彼女は私のこの答えに安心したのでした。

　次の週のセッションで彼女が持ち出したセッション頻度を増やすという現実水準に見える話題は，知り合い男性の話題と同質のものととらえることができるでしょう。そこで私がセッション頻度を増やすことに同意するなら，私が枠を越えて彼女に侵入してくるという彼女が潜在的に抱く不安を刺激しそうでした。そこで私は枠を変えないことを伝えています。

　フロイトは1926年の論文「制止，症状，不安」の中で「不安こそが抑圧を産み出した。私が以前信じたように，抑圧が不安を産み出したのではない」（Freud, S. 1926. p.108-109）と記述しています。後期に入ったフロイトは，精神分析セッションにおいてこころの動因として私たちが第一に注目すべき

は，不安であって抑圧といった防衛ではないことを改めて認識しています。

　転移での不安に注目していたのは，クラインです。私の精神分析への関心はその最初から転移とともにありましたが，このことこそが，私がクラインの精神分析やクライン派精神分析に注目する大きなきっかけであったのは確かです。

　クラインは1958年，彼女の最晩年の英国精神分析協会での分析家候補生とのセミナーで自身の技法について次のように明確に述べています。

　　不安へのアプローチと転移へのアプローチは相互に結びついています。そのアプローチが情緒，とりわけ不安に焦点づけられたときにのみ，この技法が展開されるのです。……無意識と転移状況はまさにその始まりからあります。……1926年から私の技法での基本的な変化はありません。不安や転移へのアプローチは初めからありました。(Klein, M. 1958. p.97)

　クラインは1952年の論文「転移の起源」で，転移とは「患者がより早期の状況で使っていた同じ機制と防衛を使って，再活性化された葛藤と不安に対処していること」(Klein, M. 1952a. p.48)と述べていますが，上述のように実際の分析セッションでは不安を優先する転移解釈をおこなうことを語っていました。クラインにとって防衛とは，アナ・フロイトが提示した種々の防衛機制がそれぞれに働いているのではなく，それらが組み合わされた，たとえばスプリッティングと投影同一化と原初的理想化が組み合わさっているような，「防衛システム」なのです。

　実はここに，技法にかかわる自我心理学と対象関係論的思考の間の重要な相違点があります。その防衛システムは転移と不安が同定され探索された後に，無意識的空想としてナラティヴ形式で解釈されるものです。

　不安に注目する転移解釈はクラインが重要視した技法であるのですが，その難しさをストレイチーは，転移解釈は不安への言及を含んでいるゆえに，解釈する治療者は困難さを感じると指摘しました（Strachey, J. 1934）。

　そして，それこそがハイマンが逆転移として知覚された感情が意識的な理解に到達するまでの時間差 time lag という表現で，治療者自身が自分の不安に持ちこたえることが重要であり，そこでは自身の不安と患者/クライエントの不安を識別することが大切であることを述べたところでもあります。

ハイマンは自身の中に気づいた感情を単純に患者のものとすることを戒めていたのです（Heimann, P. 1950 p. 77, 1960 p.153, p.159）。

2．不安の性質

a．フロイトの不安論

それでは不安をどのように同定するのか，それが私たちが目を向けるところになるでしょう。

詳しくは他書（松木『パーソナル精神分析事典』2021a）に述べていますが，不安神経症を同定した1895年の論文でフロイトは，不安を性的緊張と関連づけ，過度に蓄積されたリビドーが生化学的に変形されて不安が生じる，と生理的中毒理論でとらえていました（Freud, S. 1895）。フロイトは神経生理学の研究者だった人なのでこの発想が自然に浮かんだのでしょう。

しかし，精神分析という方法の開発を通して心理学的視点に比重を移し，転移を治療に活用し始めてからは不安論を変更しました。その第二の不安論と言えるものは，子どもの恐怖症を表出していたハンス症例（Freud, S. 1909）に記載したように，「抑圧の働きで表象が情緒から分離され，量的に蓄積したリビドー衝動が心的過程を経て，不安に変換される」と表現されました。この抑圧は，両親の下での幼児の性愛欲動の願望充足が父親の威嚇的禁止に出会ったことで引き起こされるという，エディプス・コンプレックス形成の主動因でありました。この不安が，いわゆる「去勢不安」です。

その後フロイトはランク Rank, O. が不安の起源としての「出生外傷」説を提出したことに影響され，第三の不安論を提出することになりました。論文「制止，症状，不安」（1926）において，2種の不安を提示します。

一つは「自動的不安」です。自我が無力さを経験する心的外傷の発生に基づくものです。その心的外傷の種類にフロイトは，出生体験，去勢，愛情対象からの分離，喪失，愛の喪失を挙げました。もう一つは，「信号不安」です。外界現実で経験するかもしれない危険な状況に対する自我の反応である信号としての不安であり，そこに乳幼児での愛情喪失の恐怖からの母親との分離の不安を挙げました。

分離不安

「信号不安」に分類されたこの「分離不安」こそが，心的発達への母子関係の影響に注目したその後の精神分析家たちによって，より重篤な心因性精神疾患の中核的不安に位置づけられます。ボウルビィの母性剥奪による「愛着障害」（Bowlby, J. 1969, 1973, 1980）やマーラーの境界例のベースに見られる母親との間の再接近期（生後15-24カ月）の失敗（Mahler, M. 1975）です。

「分離不安」は，今日の私たちの分析臨床でよく使われている用語であることは改めて述べるまでもありません。1970-90年代に青年期境界例の分析的治療で名を馳せたマスターソンやリンズレイは「見捨てられ抑うつ」abandonment depression という用語に言い換え，分離不安に焦点を当てました（Masterson, J. F. 1972）。

しかし，ここで私が注意を促がしたいのは，「分離不安」は母子の分離という外界状況を描写している用語であることです。ひとまとめで「分離不安」と表現されていた，母子分離の状況での不安の性質を明確に区分けしたのはクラインです。

b. クラインの不安論

そもそもクラインは「死の本能が不安の根本的な要因である」（Klein, M. 1948. p.41）と述べ，不安の動因はフロイトが主張していたリビドー，すなわち愛情を基盤にした内的欲動ではなく，死の本能というもう一つの本能を源泉とする破壊性/攻撃性であることを主張しました。それから乳児期に私たちは，変遷する３種の不安をこころの発達過程で順次経験することを述べました。それは前述の分離という外界状況での不安の内的な性質を区別することになるものです。つまり，その主体の不安の質をその洗練度から色分けします。

クラインの表現を使用するとそれは順に，「消滅の恐怖」fear of annihilation，「迫害不安」persecutory anxiety，あるいは「妄想性不安」paranoid anxiety，最後が「抑うつ不安」depressive anxiety です。

この三種の不安を手短に解説しましょう。

消滅の恐怖

「消滅の恐怖」は翻訳書では「絶滅恐怖」とも訳出されていますが，クラインは，新生児期の「萌芽的な自己」内で死の本能/破壊欲動が活動する結果，この恐怖が発生すると考えました（Klein, M. 1952a p.48, 1952b. p.57）。その性質は，自分が「在る」ことが崩壊する，解体し消えてなくなる，ばらばらに霧散する不安です。

おそらくジョーンズの「アファニシス」（Jones, E. 1929, 1930）——快を得る手段がすべて剥奪される，全壊滅の恐怖——からクラインが引用したものと思われます。後に精神病の精神分析からウィニコットやビオンがそれぞれ，ウィニコットは「考えることのできない不安」unthinkable anxiety（Winnicott, D.W. 1962），「破綻の怖れ」fear of breakdown（Winnicott, D.W. 1963/1974），ビオンは「名前を欠くひどい恐怖」nameless dread（Bion, W. 1962a）と呼んだ不安もそれにあたるでしょう。

ビックは，私が想像するにはビオンの「破局的変化」（Bion, W. 1966）の講演に触発され，「破局不安」catastrophic anxiety と呼びました。それは，消滅の恐怖を発達的に，これから述べる迫害不安へと変形できず，その破局不安を「第二の皮膚」と呼ぶ原初的な二次元的防衛によって取り扱うことしかできない一群の人たちに見たものでした（Bick, E. 1967/1968）。

迫害不安/妄想性不安

乳児のこころの発達において，最初のこころの構造化である「妄想-分裂ポジション」に発生する不安です。自己内の死の本能/破壊欲動をスプリットし，自己の外の対象に投影同一化する/排出することで，死の本能の破壊性が外の対象に帰せられ，その外部対象から自分に向けられるものという迫害の性質を帯びることになった不安です。「被害妄想」と言われる症状での不安の特徴でもあることから，「妄想性不安」ともクラインは呼びました。

精神病ではこの質の不安が持続する，疾病に特徴的な不安ですが，病態としては異なっていますが，この質の不安が潜在的に持続していたり機会あるたびに出現する人たちもいます。

抑うつ不安

　抑うつ不安は，乳児の成長にともなう生理機能や心的機能の発達を基盤に，自己の内から外へ投影同一化/排出し，外部の対象に帰属させた乳児自身の死の本能/破壊欲動を，この時点で自己内にもう一度取り戻そうとする過程──「抑うつポジション」と呼ばれるこころの第二の構造化──で発生します。

　この心的活動は，自己/パーソナリティを分裂した構造のままにしておくのではなく，ひとつにまとまったそれにしようとする綜合化の過程であり，自身の死の本能/破壊欲動の取り戻しの結果，自分の為した破壊や攻撃に気がつかざるを得ないことになります。その結果，不安はその性質を変え，罪悪感，悔い，修復できない絶望や無力，無価値の感情に圧倒されたものとなっていきます。それらを総称してクラインは「抑うつ不安」と呼びました。

　私は分析臨床場面のみならず精神科臨床でも，その患者が，たとえば分離や喪失，挫折に際して，これら3種の内どの性質の不安を優勢なそれとして抱えているかを同定することが精神病理水準の同定とともに，転移の理解と取り扱いに重要であると認識しています。同様のことは，精神分析的心理療法のスーパービジョンでも実感してきました。不安の同定が，防衛機制から病理水準を同定するよりは遥かに本質的であることは明白です。

3．不安の性質を感知するために，場 scene の「空気」をつかむ

　患者/クライエントが「私は不安なのです」と言うので私たちは彼らの不安を理解した気になることがあるかもしれませんが，ビオンがたびたび述べていたように，不安には形も臭いも触感もありません。つまり，不安には何の表象もなく，不安そのものは私たちの五感で直には感知できないものです。しかし，臨床場面で誰もが経験しているように，その部屋の「空気」と表現できそうなものからその人の不安を感知できることは少なくありません。

　不安は，次に述べるそれぞれの領域においてというより，それら全体のもたらす空気から私たちは感知していると言えるでしょう。

その領域は，その人が語ることば——その内容，文法，リズム，間合い，抑揚，大きさといった話し方，距離——，その場に持ち込まれている非言語的サイン——身のこなし，表情，化粧，髪，服装，着こなし，持ち物——，そして，場の雰囲気です。

　消滅の不安のような極めて原初的な不安ほど，非言語的に出現しています。それは，その不安が事物表象や言語表象と結びつけないからです。一方，迫害不安は外界の具体物に結び付けられて表象化されます。それが固定化したものを「妄想体験」と呼んでいます。たとえば，被害妄想の対象となる知人や警察や放送局，ネット基地局などの公共機関が迫害してくる妄想対象を表象します。

　抑うつ不安は無意識的空想や夢の中に経験され，それらには象徴機能を有する表象が出現しています。たとえば，空を飛んでいたのに突然身体に生えていた羽がなくなり，海に落ちて沈む夢を見たとしたとき，その空，羽，海には象徴性が付与されています。抑うつ不安を核とする転移が，象徴が活動し視覚像をともない物語り性を有する形態で分析場面に持ち込まれているなら，その部屋の空気は動いていきます。

　ここまで転移を認識する中での不安の存在と性質の重要性を述べました。精神分析臨床において不安を視界に収めることの意義は伝えられたかと思います。

第1部
精神分析家たちと転移

これから私が影響を受けてきた，もしくは今もその影響の中にいる精神分析家たちの転移にかかわる理論やコンセプト，技法を紹介したいと思います。名前を挙げれば，フロイト，クライン，ウィニコット，ジョセフ，ビオンです。これらすべての人が転移を精神分析実践の中で重要視していたことは，ここに改めて述べるまでもありません。

　初心の頃，フロイトの著作を読んでいて，その実態がわからない，しかしどうやらそれがわからなければ臨床実践としての精神分析が何たるかはわからないととても深刻に感じたものが「転移」というコンセプトでした。臨床経験を始めながら精神分析を学び始めたときに出会ったのが，対象関係論でありウィニコットでした。

　そのウィニコットの分析臨床のルーツにあるのがクラインの精神分析であることを知っていくと同時に，クラインは転移を最重要視していることを知り，意を強くするとともにクラインを学び始めました。そのクライン精神分析を学ぶ過程において，転移の全体状況論文を書いたジョセフに行きつきました。そしてジョセフもスィーガルも影響を受けた人物としてビオンが存在していました。それからビオン精神分析を学ぼうとしていく長い旅が始まり，今もそのたびは続いています。

　こうした精神分析を学び実践していく歩みにおいて，転移が私の関心であり続け，私にとって精神分析臨床が転移を中核に置いていることは変わっていません。ここからは，そうした私のたどった道を再訪しながら，彼らの転移論を紹介していきましょう。

第1章　フロイトが描いた転移

　この書が転移論である以上，フロイトの転移論を飛ばすわけにはいきません。しかしながらこの書に詳説するにはあまり膨大すぎます。そこで，簡潔に触れておきたいというのが私の意図するところです。

1．フロイトの治療観

　私はフロイトの治療観こそが，転移を理解していくその鍵であり，基盤であると考えます。当時フロイトの周囲にいて精神分析を実践していたユング，ライヒ，フェレンツィ，ジョーンズらの男性治療者たちが女性患者の恋愛感情をまったく分析的に扱えず，結婚や愛人関係といった社会問題となりうる行動化に至ったため，フロイトはそうした性愛的行動化への警鐘として「転移性恋愛についての観察」(1915) を書かざるをえませんでした。

　精神分析の実践で，なぜユングらは女性患者と恋愛に陥り，結果として性愛的行動化を繰り返したのに対して，フロイトはそうならなかったのか。それはフロイトの治療観にありました。

　フロイトは1895年『ヒステリー研究』の末尾に書いています。

　　あなたはヒステリーの痛ましさにありますが，それをありきたりの不幸に変えるだけでも，多くのことが得られます。そのことはあなたも納得されるようになるでしょう。そして精神生活を回復させれば，その不幸に対して，もっと力強く立ち向かえるようになるのです。(Breuer, J. & Freud, S. SE2. 1895. p.305)

　ヒステリーに対するフロイトの治療観を著したこの文章の中で，フロイトは，彼の治療，それは後に「精神分析」と命名される治療方法ですが，それ

が患者を治癒や全快に導くとか，快や幸福をもたらすとは言っていません。フロイトとの治療後も患者は不幸なままであるが，治療を通してその不幸は，不幸を直視せず回避し続けたり不適切に取り扱ったために逆にややこしくなった不幸から「ありきたりの不幸」に戻るのであり，そのありきたりの不幸に持ちこたえる力をつけることができると言っているのです。

　一見すると驚くべき見解ですが，冷静に考えると治療者として実に正当で堅実な見解であることがお分かりだと思います。フロイトは，患者の苦しみや懇願に引き込まれて治療者が抱きかねない万能感や欲望につかまっていません。

　女性患者が男性治療者に恋愛感情を抱き，それに治療者が応えることを求めるその心性には，今抱えている不幸や苦痛をすっかり脇に置き，恋愛という熱い感情が生み出す幸福感や満足に浸るのに治療者を加担させようとする目論見が，無意識的に，ときとして意識的にあります。このとき，治療者もまた不幸や苦しみから患者を救い出したい，不幸な患者に幸福や満足をもたらしたいという万能的な救済者願望を抱いているなら，たやすく引き込まれて恋愛に陥ってしまうでしょう。実際，ユングらはそうなってしまったのです。

　それは転移性の恋愛であり，恋愛と名づけうる性質の転移であり，治療者は治療者としての分別を持ってかかわることの重要性をフロイトは認識できていました。

　フロイトのこの見解は精神分析という方法を使う治療者の在り方の根底に確実に置かれる必要のあるものであり，ビオンの表現では次のようになります。

> 成功した分析は，苦痛を軽減させる。だが……患者も分析家も苦痛を和らげたいと望んでいるにもかかわらず，分析経験は患者の苦痛に苦しみ，持ちこたえる能力を高める。（Bion, W. 1963. p.62）

　込み入ってしまっている不幸をありきたりの不幸に戻し，そのありきたりの不幸に持ちこたえる力をつけることこそが，他でもない精神分析が達成することです。今日的に言えば，いらだって解決に駆け込むことなく，不確実なことや疑惑の中に留まり続け，こころの事実を見つめ続けることができる

「ネガティヴ・ケイパビリティ」、「半面の真実に持ちこたえる力」(Bion, W. 1967b) を獲得することと言えるでしょう。

2．用語「転移」

『ヒステリー研究』（1895）

　上述した『ヒステリー研究』の第4章「ヒステリーの精神療法について」においてフロイトは用語「転移」を始めて使用しました。

> 女性患者が分析の内容から浮かび上がってくる苦痛を含む表象を、医師という人間に転移させていることに気づいて驚くというのが、第三のケースである。これは頻繁に起こる。いや、分析によっていつも起きる出来事である。医師への転移は、誤った結びつき misalliance によって生じる。(Breuer, J. & Freud, S. SE2. 1895. p.302)

　ちなみにフロイトが使った misalliance には、身分違いの結婚という意味がもともとあります。おそらくフロイトは、幻臭というヒステリー症状に苦しむ子どもの住み込み家庭教師として働いていた若い女性ルーシーが子どもたちの父親で工場主に恋愛感情と結婚空想を抱いていたその事態を思い出していたのでしょう。

『夢解釈』（1900）

　フロイトはその5年後の1900年の『夢解釈』では転移を異なる意味で使用します。第7章「夢過程の心理学」において、無意識的観念が前意識的な観念に強度 intensity を転移すると表現しているように、その使用法は「置き換え」という抑圧に近似しています。「強度」は多量のリビドー充当とも言い換えられましょう。ここでは転移を観念 idea と結びつけ、人物表象とは繋いでいません。(Freud, S. SE5. 1900. p.562-563)

ドラ・ケース（1905）

　そして、周知のように、フロイトが転移を今日的な意味合いで使用したのはドラ・ケースを記載した「あるヒステリー患者の分析の断片」でした。

ドラの父親と自分の妻との不倫関係を黙認していたK氏がドラを性的に誘惑し，それに葛藤してK氏夫婦との関係を断つように求めたドラを，父親はかつて彼の梅毒を診断し治療してくれたフロイトの診療所に連れてきたのでした。フロイトはドラを「ヒステリー」と診断し精神分析に導入し，ドラの性愛を積極的に解釈しました。当然ながらその結果ドラは，フロイトもまたドラを性的に誘惑していると危機を感じ突然分析を中断しました。

フロイト自身はドラの夢の分析から，父親との間に生じていたドラの誘惑願望の小児期起源も突き止め，精神分析治療はとても順調に展開していると感じていた矢先の出来事でした。

この治療中断宣言にフロイトはいたく傷ついたことでしょう。その証拠に，後にドラが再度治療を求めてきたときフロイトは治療を断りました。それでもフロイトは，分析室でのドラとの出来事を考え続けたに違いありません。1900年には一度公表寸前までいった論文を破棄し，他の論文作成をほとんどせず，それから5年をかけて書いた「断片」論文の脚注に次の一文があります。

> なお，次のことを付け加えよう。……ごく最近の数日間夢が繰り返して現れたことから，同じ状況が再び起こったとあなたが考えたこと，そして，父親があなたを連れてきたので始めた治療を止めて帰ろうとあなたが決心したということを私は推測しなければならない。結果は，私の推測が正しかったことを示している。(Freud, S. 1905. p.70)

あとの祭りとはこのことです。しかし，フロイトは『ヒステリー研究』で見出した転移をあらためて発見しました。そして，そこにはとても重要な意義が付け加えられていました。

この再発見のための期間にフロイトは私生活でもう一つの終わりを経験していました。1887年に始めた年上の耳鼻科医フリース Fliess, W. との頻繁な文通，通称「フリース体験」の終わりです。フロイトは毎日のようにフリースに手紙を書いていましたが，1902年には終焉を迎え始め，1904年7月27日が最後になります。フロイトはドラの転移を検討するうちに，自身のフリースへの父親転移に気がつくことになったのでしょう。

こうして転移についてのフロイトの決定的な記述が生まれました。

転移とは何か。それは，分析の圧力によって喚起され意識にもたらされるべき興奮と空想の新版とコピーであって，医師という人間と過去に関係した人間とが，その転移特有なやり方で取り換えられている。言い換えれば，過去の心的な体験すべてはけっして過去に属するものになるのではなく，医師という人間との現実の関係として再び活動し始める。……精神分析治療に関して言えば，転移が不可欠に要請されるものであるとの洞察に至る。(同上 p.116)

転移は，精神分析の過程で自生的に生起し，それは治療に不可欠なものです。

ラットマン（1909）

1909年に発表された「強迫神経症の一例」では，青年ラットマンがフロイトに向けて陽性転移と陰性転移を露わにするところを描き出し，転移の治療的な必然性を述べています（Freud, S. 1909. p.209）。

3．転移の現象と技法

その後，フロイトは転移に関する理解を深め，それらは一連の技法論文に著わされました。「転移の力動」（Freud, S. 1912）では次の要点を挙げています。

(1) 転移は無意識のリビドー衝動部分から発生する。
(2) 転移は外より分析過程で強いわけではなく，違いは検討の対象にされることにある。
(3) 抵抗の最高の武器である。
(4) 転移には陽性も陰性もあり，前者は情愛タイプという治療の「申し分のない」協力者になるものと，性愛タイプという解釈による解消を必要とするものがある。
(5) 陰性転移が厳しければ治療は成功しない。
(6) 患者が転移について洞察を得ることが，過去の人生史の再創造を凍結させる。

ドラ・ケース以降の転移に関するフロイトの記述で、今日的に見ても最も重要なのは1914年の論文「想起すること、反復すること、ワークスルーすること」に書かれていることでしょう。

この論文でフロイトは転移の本質を突いています。それは、転移の本質は非言語性であることです。つまり自由連想という言語化の外に転移の本質があるのです。

フロイトは書いています。

> 精神分析の設定と技法の下で「患者は忘れられ抑圧されたことを想起せず行動化する、といってよいであろう。彼は記憶としてではなく、行為としてそれを再生する。もちろん、反復していると知らずにそうするのである。(Freud, S. SE12. 1914 p.150)

もう一つは、クライン(Klein, M. 1952b)やジョセフ(Joseph, B. 1985)が全体状況(total situation＝総合的な状況)と用語化して記載した転移のもう一つの本質を、すでにフロイトは認識していたことです。下線部に注目ください。

フロイトは、転移の本質は無意識の反復強迫性の行為であり、「転移がそれ自体ひとつの反復に過ぎず、その反復が忘れられた過去を<u>医師に転移するのみならず、現在状況のその他あらゆる側面へと転移する</u>」(同上 p.151)と指摘していました。

加えてフロイトは転移に「プレイグラウンド」や「中間領域」という認識も持っていました。ウィニコット理論もまたフロイトは先駆けていました。以下のように言うのです。

> 私たちは転移を反復強迫のためのひとつのプレイグラウンドとして許す。そのプレイグラウンドでは反復強迫がほとんど完全な自由をもって展開することが許され、患者のこころに隠れていた病因的欲動の道筋のなかで私たちにすべてを提示することになるのである。患者が分析の必要条件を尊重するだけの従順さを示してくれさえすれば、私たちは必ず病気の症状のすべてに新たな転移的意味を与え、患者の通常の神経症を治療的な仕事によって治癒

可能な「転移神経症」に置き換えることに成功する。
　このようにして転移は病気と現実生活のあいだの中間領域を創造し，そこを通じてその両者はお互いに移行し合うのである。この新しい状態は病気のすべての特徴を引き継いでいるが，いかなる点でも私たちの介入が到達可能な人工的な病気ということになる。(Freud, S. 同上 p.154)

　精神分析臨床家としてのフロイトは70年先まで行っていました。

転移の取り扱いの限界

　その後のフロイトは転移の理論面に検討を加えます。

　1920年の「快原則の彼岸」(Freud, S. SE18. 1920) では，転移の起源を本能的な内的衝迫に求めました。6年後の「制止，症状，不安」では，「転移抵抗」との表現で抵抗を転移の上位概念に位置づけます。すなわち，転移抵抗は「転移状況や分析家その人との一つの関係を確立することをなし遂げ，想起されるに過ぎなかっただろう抑圧を生きたものとして再生する」(Freud, S. SE20. 1926 p.160) と述べています。

　最後にフロイトは「終わりある分析と終わりなき分析」(Freud, S. SE23. 1937) で，治療法としての転移の取り扱いの限界に触れます。「患者は自分から彼らの葛藤のすべてを転移の中に持ち込むことはできない」し，また分析家も「その転移状況の中から，患者に生じうる欲動」葛藤のすべてを呼び出すことはできない」と述べました。

　また精神病性疾患の転移については，フロイトは異なる見解を示していました。

　「みずからを語る」(Freud, S. SE20. 1925) では「一般に精神病患者は陽性転移の能力を欠いており，そのために分析の主要技法が適用できない。……周期性気分変調，軽度のパラノイア性変化，部分的な統合失調症では分析によって確実な成果が上がっている」と記述する一方，「続・精神分析入門講義」(Freud, S. SE22. 1933) では「ナルシス的神経症か精神病の状態は，すべて，多かれ少なかれ分析治療には適していない」と書きました。

　今日ではフロイトがBaron von Dirsztayという統合失調症ケースと1910年から1920年まで3期にわけて1489回会っていたことが判明しています

(Ertel, U. 2017. At Kodera Foundation)。こうして精神病の転移分析の可能性は後の世代に委ねられました。

第2章　クラインの転移論と逆転移

　第1章で述べましたように，精神分析の拡大期に他の誰より転移に着眼し，その取り扱いを重視していたのはメラニー・クラインでした。クラインが開発した子どものプレイアナリシスでは，精神分析が精神分析であるための中核要素であると彼女がとらえた転移の追究に力点を置いていました。

　それは，当時未開拓だった子どもの精神分析を始めていたウィーンのフク・ヘルムート Hermine Hug-Hellmuth やアナ・フロイト Anna Freud が子どもでの転移の存在を否定していたこととは対照をなしていました。フク・ヘルムートやアナが，子どもは現実生活で親に依存しているのだから，治療者に向けた転移は発生しないと世間の常識的見解に留まったのに対して，クラインは「無意識的空想としての内的世界」というコンセプトをすでに保持しており，外界の親とは異なる内なる親が治療者に転移される，と精神分析での本質的発想から転移を視野に入れました。

　これらの着目に見るところなのですが，フェレンツィやアブラハムが認めていたように，精神分析の考え方やその臨床に関してクラインは卓越したセンスを持っていました。それは，精神分析臨床家としての初期のクラインにおいて遺憾なく発揮されました。

1．クライン前期

子どものプレイアナリシスでの転移

　クラインは1926年の論文「早期分析の心理的原則」で，独創的な精神分析的プレイテクニックを提示しました。この分析的プレイ技法を用いると，子どもは自由な連想をことばの代わりに行動で表し，そこに分析状況が生まれ，一貫した解釈と抵抗の段階的解消を続けることで，転移を最早期の状況まで

追っていくことができるとクラインは著わしました。

　クラインの主張するところは，大人の精神分析と子どもの精神分析では技法に表面的な違いしかなく，その原則は同じであり，分析の出発点として転移と抵抗という事実を使用すべきであること，子どもの精神分析の中にフロイトが「ウルフマン症例」で追求した「原光景」を発見すべきであること，とフロイト精神分析と同一でした。

　続いて翌年の「子ども分析に関するシンポジウム」（Klein, M. 1927）では，子どもは転移神経症を形成するので，精神分析家の唯一の機能は，子どもが持ち込むあらゆるものを可能な限り分析することであるとの見解を表しました。プレイ場面では転移と象徴の理解による不安や罪悪感の分析が重要であり，陰性転移の分析は分析の進展のために必要で，かつ子どものネガティヴな態度から両親を護るためにも有用であると述べています。

　ここでもクラインが，防衛や抵抗，退行といった視点から分析を進めるのではなく，転移を分析で最優先される標的に置いていたことは明らかです。しかもこの早い時期に，このように陽性転移だけでなく，攻撃衝動から出てくる陰性転移を取り扱うことの重要性をクラインは指摘しています。
それゆえに当然ながら，非分析的な導入方法，子どもが提示する素材の不完全な分析，教育的感化，指示的方法は不適であることも強調しました。この主張はライバル，アナ・フロイトへの強烈な批判との見方もできるものなのですが，精神分析を精神分析たらしめる理念としての正当性は誰の目にも明らかでした。

　こうしてクラインは，分析場面での転移の理解と，象徴を介する転移解釈を主たる技法として精神分析を実践していきます。1936年に英国精神分析協会で精神分析家候補生におこなった「技法に関する講義」でクラインは述べています。

> 強い不安と密接につながっているのは，陰性転移です。それに攻撃衝動です。この不安が出てくるこころのより深い層についてあまり知られていなかった頃には，これが適切に取り扱われていませんでした。（Klein, M. 1936/2017. p.57）

　クラインは不安の源泉は攻撃衝動にあり，フロイトが述べたリビドー衝動

とは考えませんでした。1958年の講義では次のように語り，この攻撃性に関する自らの見解を弁護しています。

> 攻撃性の重要性を明らかにした私の仕事が，まるで攻撃性だけしか見ないかのように分析家達に振る舞われているとき，私はひどく嫌な気持ちになります。私たちは攻撃性には何もできないのです。なぜならポイントは，攻撃性は，修正され和らげられたときに初めて耐えられるようになるのです。それは愛する能力を明らかにしたときに起こります。(Klein, M. 1958/2017. p.112)

こうしてクラインの転移への注目と転移解釈技法は，英国精神分析協会の分析家たちに共有されるものになりました。そのことは，「転移惹起解釈」mutative interpretation を強調したストレイチーの著名な1934年論文「精神分析の治療作用の本質」にクラインの技法論の影響が色濃く出ていることからもわかります。加齢とともにクラインは英国精神分析協会の訓練分析家として精神分析家候補生の訓練分析を始め，大人の精神分析も実践していきました。

2．クライン後期

その死の8年前，1952年にクラインはそれまでの彼女の心的発達論と転移論を重ねた「転移の起源」という短い論文を発表し，そこにクラインは自身の細やかな転移理解を著わしました。要約すると次のように言えるでしょう。転移とは「患者がより早期の状況で使用していた同じ機制と防衛を使って，再活性化された葛藤と不安に対処していること」(Klein, M. 1952b. WMK3. p.48)と述べます。ここで言う「同じ機制と防衛」とは，スキゾイド機制であるスプリッティングと投影同一化，原初的理想化を指しています。また，不安とは抑うつ不安や迫害不安/妄想性不安を指しています。

クラインは，転移の起源は最早期発達段階，すなわち無意識の深層にあり，転移関係の原型となる「対象関係は，出生後の最初から働いている」と主張し，「転移は最早期段階での対象関係を決定する過程と同じ過程を起源とする」と信じました。ここでクラインの言う「最早期発達段階と無意識の深

層」とは，乳幼児の抑うつポジション，妄想‐分裂ポジション水準のこころの構造と機能を指しています。

そこでの葛藤はかつて述べた発想がそのまま維持された，対象に向けた自身の破壊衝動に基づくものであり，不安はそこから発生するのです。また乳幼児のこころの中では外的体験と空想が混ざり合って主体的な体験を創っていますが，その両者は転移状況をその深層まで分析することで初めて見出せるのであると主張しました。

「全体状況」total situation

そしてクラインは転移を，情緒，防衛，対象関係のそれぞれに注目するだけでなく，その「全体状況」として注目する必要を述べました。実際，クラインは次のように述べています。

> 転移の詳細を明らかにするには，情緒，防衛，対象関係と同様に，過去から現在へ転移されている**全体状況**の点から考えることが不可欠である。（Klein, M. 1952b. WMK3. p.55）

というのは，クラインは「私たちの探究領域は，現在の状況と最早期経験の間にあるもの**すべて**をカバーする」（Klein, M. 1952b. WMK3. p.56）と言い，分析家との関係だけでなく，患者が提出するすべての素材，たとえば患者の外的世界の生きざまを特徴づける，日常生活，諸対人関係，諸活動，加えて行動化という今の時点における包括的な空間を転移として見る視点を示しました。加えて，現在の状況と最早期体験の間にあるすべてを網羅して探究する必要性という時間的包括性も主張しました。

言い換えればクラインは，転移は出生時から現在に至るまでが空間的かつ時間的に総合化された実在化 actualization と見ることを述べたのです。これらから私は現在，total situation はかつて訳した「全体状況」というより「総合的状況」と訳出すべきではないかと考えています。

3．技法の原則

「全体状況」という用語のように，クラインは「私の転移概念は，提示さ

れるすべての素材から転移の無意識的要素が演繹される技法を必然的に含む」（Klein, M. 1952b. WMK3. p.55）と言い，「後の経験を早期の経験と，あるいはその逆を何度も何度も結びつけることでのみ，患者のこころで現在と過去が一緒になることができる」（Klein, M. 1952b. WMK3. p.56）と主張しました。

　実際の技法での不可欠な原則として，陽性転移の分析だけでなく，陰性転移の分析と両転移の相互連結を分析することを述べました。この後者こそが，クラインの考える転移の徹底した分析です。

　「陰性転移の分析は，こころのより深層の分析の必須な前提条件である」（Klein, M. 1952b WMK3. p.53），「転移状況をその深みまで分析することによってのみ，現実面と空想面の過去を発見できる」（Klein, M. 1952b WMK3. p.54）と言います。

　クラインは「こころのより深層」，「深み」という表現を使っていますが，それは言い換えるなら，クラインが妄想‐分裂と抑うつという「ポジション」というコンセプトで表現している乳幼児期の心的状況（無意識的空想）を構成することです。次に示すリチャード・ケースでは，その実際が示されました。

4．リチャードの精神分析：『児童分析の記録（原題：ある子どもの分析の物語り）』1961

　この『記録』には，クラインの転移理解とその解釈技法の実際が示されています。このプレイアナリシス自体は1941年に行われていますが，クラインがその死の直前まで手を加えた記録であるとのことは，クラインが自分の精神分析が実際にどのようなものかを自信を持ってこの記録を世に送り出したと考えてよいでしょう。また，それからの約20年間にクラインが自身の分析技法に大きな変化を加えなかったことを表しています。

　『記録』の出版はクラインの死の翌年1961年で，全93分析セッションの記録と，著書作成にあたり，その各セッションへのコメントを「後記」として改めて記載したものです。

　このプレイアナリシスは，1941年に4カ月間，当時クラインが第二次大戦

のため疎開していたスコットランドの都市ピトロホリで，戦時中空き部屋となっていたガールスカウトの部屋を使って行われました。全然関係ないことなのですが，ピトロホリはロンドン留学中の夏目漱石が滞在したこともある街で，短編「昔」に書かれています。

精神分析対象のリチャードは10歳の男の子で，年長男性への強い恐怖がありました。実際のところリチャードは，当時の慣習から全寮制で男子のみのパブリックスクールのプレスクール——まさにリチャードより年長の男ばかりとの集団生活である——に入れられるのをひどく怖れていたようです。ちなみにリチャードは精神分析関係者，おそらく英国協会のある分析家の子どもで，クラインが長期にわたって分析していたディックという今日では自閉症圏内と見られる子どもとは従兄弟関係にありました。

ここでは，後半の一つのセッション（71回目）から，その一部を紹介します。（Klein, M. Narrative of a Child Analysis. 1961/1975. WMK4. p. 358-65）

精神分析セッション71（土曜日）

……部屋に入ってリチャードは2枚の硬貨を取り出し，テーブルの上でぐるぐる回転させて，動きや音を面白がる。クラインに，天気がよくないからバスはひどく混み合うか，どう思うと尋ねる。（この瞬間，リチャードは困った表情になる）……

そこでクラインは解釈する。

「二つの硬貨は，私の乳房を表わしています。二つの硬貨で遊んでいる時には，あなたは，お母さんの乳房で遊ぶ，遊びたい赤ん坊のようになっています。硬貨を回転させることは，硬貨，乳房を生き返らせることを意味しています。あなたは離乳されたとき，あなたが乳房を攻撃したか，あるいはすっかり食べてしまったので，乳房がなくなってしまったと心配してきたのです。

今しがた，バスが混み合うだろうかと尋ねたのは，私の乳房が私の子ども達や患者たちでひどく混み合っていないか，またあなたを攻撃してこないかとのことを意味しています。なぜなら，あなたは私をすべてあなたのものにしたいと望んでいるからです。

あなたは以前（67セッション）に，もしピトロホリに住む全員が山頂に集

まってしまったり，バスに乗り込んだらどうなるだろうと言いましたね。こうしたことすべては，あなたがお母さんの赤ん坊たちを壊してだめにしてしまったとあなたが感じていることに関係しています。その赤ん坊たちは生まれないままで，それであなたはときどき赤ん坊たちをお母さんに戻してやりたいと願うのです。」

　リチャードはクラインのバッグからおもちゃを取り出す。……

　分析セッションは続きますが，引用はここで終わりましょう。
　クラインはこのセッションの後記2．に，自身の転移解釈の原則を書いています。

　　私の見解では，子どもの分析でこのように豊富な素材に直面したときの主原則は，これは大人の分析にも当てはまるが，分析家が主要な情緒，空想，最も切迫している不安，状況とそれに関連する諸防衛と考えるものを選び出すことである。言い換えれば，転移状況に導かれ，それに従って解釈することである。(Klein, M. WMK4. 1961/1975. p.365)

　また後記1．には，分析室という空間の家具や備品に転移が表し出されるという彼女の理解を書きました。

　　プレイルーム全体が転移状況との密接な関連で，リチャードによって時に愛され，時に嫌悪された。しかし分析家のパーソナルな所有物――この場合では，バッグ，置時計，傘等――は，何より増して情緒的な意味づけがなされる。プレイや描画に使われたテーブル，彼と私が座った椅子も，部屋の中のどのものよりも遥かに重要である。(同上)

　このようにクラインは，自身を含むプレイルームに今や転移されている，母親の乳房への独占欲，乳房からの離乳のときにリチャードが空想したであろう母親の体内の状況，乳房を含む母親のからだへのリチャードの攻撃と乳房の破壊，そうしたリチャードの攻撃への他の赤ん坊たちからの報復の不安，償いの思いを解釈しています。クラインは，今ここというクラインとの間で起こっていることを乳児期の抑うつポジションの水準の空想ととらえており，

それらをつなぐ解釈をおこなっていることが伝わるものです。

　後記1.の記載は，クラインの「転移の全体状況」という表現での空間面についての見解を，後記2.はその時間面を示していると言えます。

　ちなみにクラインの転移解釈技法は，知ることを目指す「認識論に基づいた演繹法」が基盤ですが，実際には「直観を使う帰納法」をかなり大胆に使うところに特徴があると言えます。

5．補遺：逆転移に関する見解

　クラインの逆転移についての見解を示す前に，ヒンシェルウッドが『クライン派思考辞典』に書いた「逆転移」についての解説を示す方が，その時代と今日の違いを浮き彫りにしてくれるでしょう。

> ……クラインは（母親と赤ん坊についての彼女の観察（1952）が，無意識水準での対人相互作用を明らかに指摘しているのにもかかわらず），分析セッションでのこの見方（ハイマンの言う逆転移のこと；筆者追加）を実際には決して採用しなかったが，逆転移でのこの「非クライン的」関心は，今日クライン派的実践の中心になっている。
>
> 　加えて，ハイマンは投影同一化を重要な概念とは決して受け入れず，それで終いにはクラインとは別れてしまったのだが，それにもかかわらず逆転移を投影同一化にまさに関連づけたクライニアンの若い世代に強力に影響を与え続けた。（Hinshelwood, R.D. 1989, 1991. p.256）

クラインは実際，次のように発言しています。

> 患者は分析家の中に何らかの感情をかき立てるものですね。そして，それは患者の態度によって，患者によって変わります。もちろん，分析家は気がつくようにならねばならない，分析家の中で働いている感情があるのですが。私は，逆転移が患者をよりよく理解するのを手伝ったと感じたことはまったくありません。言うとしたなら，逆転移は私自身をよりよく理解するのは手助けしてくれたとは感じました。（Klein, M. 1958/2017 p.103）

また次のようにも言います。

分析家が自分自身の中に起こっていることを，患者の中に起こっていることの手引きであると考えるのは分析家が誤った方向に導かれていることだと，今も私は考えています。私の見解を明確に伝えられているのかはわかりませんが，ただ言えるのは，個人的には私はそんなようにはまったく使わないことです。(Klein, M. 同上 p.109)

　このようにクラインの逆転移に関する見解は明瞭でした。
　私が考えるに，クライン自身は意識的に感知されうる，自身に発生している感覚を，サンドラーの「役割応答」role responsiveness (Sandler, J. 1976, 1998 p.47-56) に近似のものに位置づけていたようです。すなわち，患者が転移性の投影において分析家に押し付けるその役割を受け取っているために生じる，自身のこころの状態の自己モニタリングによる感知です。
　それは，逆転移としてみるよりも，転移の文脈での，患者によって引き起こされている自己の在りように気づくということです。転移の文脈を延長したところにある自己の姿だから意識化できるのです。この見解は，その後ビオンに引き継がれました。
　そして上述のヒンシェルウッドが書いた「ハイマンは……それにもかかわらず逆転移を投影同一化にまさに関連づけたクライニアンの若い世代に強力に影響を与え続けた」というハイマンの逆転移論とクラインの転移論をつないで，クライニアンの次の世代を強力にリードしたのは，ハイマンの分析を受けたベティ・ジョセフ (1917-2013) でした。

第3章　ジョセフと現代クライニアンの転移と逆転移

1．クラインから現代クライニアンへ

　クラインは多くの後継者を育てました。ひよこを世話する母鳥にたとえられる面倒見のいい親分肌のところがクラインにはありました。クラインが排出した代表的な分析家にビオン，スィーガル，ローゼンフェルド，ジャックス，メルツァー，ストークス，スコットらが挙げられます。

　この中でクラインに最も忠実であり，クラインもまた可愛がっていたのはスィーガルでした。1960年のクラインの死後，1950年代後半から圧倒的な存在感を示したビオンが必然的にクライン・グループの中心にいましたが，ビオンが1968年にロサンジェルスに移住し英国精神分析協会を去ってからは，スィーガルがその実力からも政治的な立場からもグループの中心であり続けました。そのスィーガルととても親しく，力を併せていたのがスィーガルより一つ年上でしたが，スィーガルにスーパービジョンを受けた経験も持つベティ・ジョセフです。

　1980年代にはクライン・グループの三人の分析家が，英国精神分析協会の分析家資格を得てまもないクライン・グループ新人分析家に向けた臨床セミナーを開いていましたが，その3人とは，スィーガル，ソーン，そしてジョセフでした。この中で1980年代後半からジョセフの転移論と技法は，現代クライン派の中核的なものに位置づけられていきました。

　それを勢いづけたのは，前述のクライン・グループ新人分析家臨床セミナーに参加していた分析家たちが，経験を積んでもそのセミナーに参加し続け，同じメンバーが参加し続けるワークショップへとその形態を変えたこと，そこにオーショウネスィやブリトン，スタイナー，フェルドマン，テイラー，

ブレンマン・ピックといった名だたる分析家が加わっていたことも大きかったでしょう。彼らはクラインその人を知らない世代でしたが，皆でジョセフの技法を洗練し共有し，現代クライン派技法の表看板にしたのです。

2．現代クライン派精神分析の屋台骨

これから述べますように，現代クライン派の分析家たちには，クラインのような乳児期の内的空想の構成を行わない「今ここで」の転移と逆転移に焦点化したジョセフの「認識論に基づく分析技法」が共有されました。そこには演繹法的アプローチが使われていますので，分析場面に見出されている臨床素材を照らす，患者の今現在の精神病理を想定する仮説としての「コンセプト」や「理論」が求められます。というのは，フロイト以来の精神分析的論理構成に必要とされる，乳幼児の母親/乳房との関係という必ず随伴する発生的病理に関する探索が，ジョセフの技法では横に置かれているため，その「今ここ」での転移関係の病理について説得力が欠いているところに精神分析的精神病理の理論による裏付けが求められるからです。

ワークショップの参加者の一人ジョン・スタイナーの「病理構造体」pathological organization,「心的退避所」psychic retreat 論というコンセプトで構成されたパーソナリティ病理論がその位置に就きました。このパーソナリティ病理論は，ローゼンフェルドやメルツァーの「自己愛構造体」やオーショウネスィの「防衛構造体」，ソーンの「アイデンテイフィケート」等を包含する，「妄想 - 分裂」と「抑うつ」の二つのポジションとは別に独立して構造化され，破壊性優位に倒錯的に機能する第3のパーソナリティ機能部分として提示されました。

こうして技法と理論を揃えた現代クライン派精神分析が成立しました (Spillius, E. B. 1988, Steiner, J. 1993)。

3．ジョセフの転移論

1）ジョセフの「全体状況としての転移」

ジョセフは自身の転移論を洗練させる過程で，クラインの用語「全体状況

total situation」を採用し，その正統性を裏づけることを試みました。次の文があります。

> （クラインの提示した）「全体状況」total situation という概念が，今日の転移に関する理解と使用にとって根本的なものであると私には思われる。……**全体状況**という概念は，患者が関係の中に持ち込むすべてを含まなければならない。私たちは患者が言っていることに注意するとともに，それを越えて，関係の中で起こっていることや患者による分析家の使用に私たちの注意を集中させることによって，患者が持ち込むことがらを最も正確に評価することができる。（Joseph, B. 1985. p.157）

転移に関して使われている，クラインの「全体状況」とジョセフの「全体状況」は，何が同じで何が異なるのでしょうか。なお，「全体」と訳出している total は，「総合的な」と訳すほうがその内容からより正確とは思いますが，ここでは定訳に従います。

　もう一度クラインの表現を見てみますと，クラインは転移を「過去から現在へ転移されている**全体状況**の点から考える」と述べました。またクラインは「過去から現在へ転移されている」を「私たちの探究領域は，現在の状況と最早期経験の間にあるものすべてをカバーする」と言い換えているのです。ここには空間的要素も考慮されていますが，「過去から現在」という時間的要素が強調されています。

　一方ジョセフは前述のように，「**全体状況**という概念は，患者が関係の中に持ち込むすべてを含まなければならない」と言っています。こちらは空間的要素が強調され，時間的要素には重きが置かれていないようにも見えます。ジョセフの転移論がどんなものか，いささか長くなりますが，彼女の記述を追ってみます。

> 私たちの転移についての理解の多くは……物事を感じるよう，患者が私たちにどう働きかけるのか……彼らは自分の防衛システムに私たちをどのように引き込もうとするのか。彼らは転移の中で，自分たちとともに私たちを行動化させようと試みながら，私たちとともにどう無意識に行動化するのか。乳幼児期から作られ，小児期と成人期に推敲された患者の内なる世界の諸局

面や,しばしば言葉の使用を越えた体験をどのように伝えるのかという理解である。……その体験は,しばしば私たちの中に生じた感情を通してのみ,つまり,広い意味で持ち入れる逆転移を通してのみとらえられる。分析家の中に生じる感情である逆転移は,転移のようにもともとは分析作業にとっての妨げととらえられていたが,今やもっと広い意味で使われており,もはや妨げとはとらえられず,分析過程の不可欠な道具としてとらえられている。さらに,私たちが使用されているという考えや何かが常に起こっているという考えは,私たちが気づけるなら,転移の他の多くの側面を明らかにしてくれる。……いかなる瞬間であれ,患者が機能している水準とその不安の性質は,<u>転移がどのように能動的に使用されているか</u>に気づこうと努めることによって,一番よく判断される。(Joseph, B. 1985. p.157)

2)転移のとらえ方:ジョセフとクラインの違い

　転移に関してジョセフは,全体状況という表現を使って,患者と分析家の言語的非言語的相互作用が分析場面の今ここに展開しているその状況に集約されていると考えています。その意味で,分析場面という今ここの空間に転移の全体状況を見ているのです。そこでのコミュニケーションの質についてジョセフが非言語的コミュニケーションを重視しているのは明らかです。

　そして,この非言語的コミュニケーションは,その質は異なりますが,ビオンが1966年の「破局的変化」や1967年の「ネガティヴ・ケイパビリティ」の講演で述べた「ラテラル・コミュニケーション lateral communication」[註1]に触発されたものです。この質のコミュニケーションをビオンは深い無意識と関連させていましたが,上述の文に見るように,ジョセフの場合はそうで

註1)　ラテラル・コミュニケーション:lateral communication をただ「横のコミュニケーション」と訳出するのは誤解を招きやすい。というのは,ビオンは『注意と解釈』で「兵士が lateral communication と呼ぶもの」(Bion, W. 1970. p.86) と敢えて述べていることに注目すべきだからである。

　lateral communication には,群れになった鳥や魚が同時に方向を変えたり位置を維持したりするときのコミュニケーションがその意味に含意されている。それはことばを持たない蟻や蜂,バクテリアが集団行動するときにもあてはまる。ビオンは「獣の感覚」beast sense ということばも用いており,言語的コミュニケーションや感覚器官による認知ではない,原始的なコミュニケーションをこの用語に含ませていることは明らかだからである。それは私たちが「以心伝心」と表現するものに近似であろう。ちなみに「以心伝心」は,禅起源のことばである。

はありません。無意識であるとしても意識に近いものです。患者の「言葉の使用を越えた体験」ではありますが,「転移がどのように能動的に使用されているか」にある「転移が能動的に使用される」という表現が表しているように,ジョセフの認識する転移は意識的か意識にかなり近いものです。そうでなければ（患者主体にとって無意識な）転移を能動的に使用することはできません。

　そしてそうであるがゆえに,彼女は,やはり意識的か意識に近いハイマン流の逆転移を活用して,それを分析することを第一としています。

　それに対してクラインは,乳幼児期の乳児と母親/乳房の関係と不安の質がその患者の深い無意識に含まれており,分析家はそれを常に視界に収めて転移の分析を進めることを唱えています。クラインは発生的視点を重視することによって時間的要素を考慮しており,ジョセフとはその比重が大きく異なります。クラインでは,患者主体の無意識的空想の内容である,乳幼児の母親/乳房への思いや関りが細やかに構成され治療者の中に思い浮かべられていますが,それはジョセフの記述にはほとんどないものです。

　こうしてみると,転移に向ける視線がクラインとジョセフでは異なることが理解されるでしょう。クラインは双眼顕微鏡での焦点づけで二つの位相,すなわち意識水準での今ここでの現象と,無意識水準での乳幼児の母親/乳房に向けた空想を双眼視（Bion, W. 1950/1967 p.14, p.18）していますが,ジョセフの視点は今ここでの現象に向けられています。

3）転移に関するジョセフの主張

　ここで転移に関するジョセフの考えを整理してみましょう。次のように表現できるようです。

1．転移も逆転移も,意識水準か,無意識としても意識に近いものである。
2．患者は転移を使用することによって,自分の防衛システムに私たちを引き込もうとするし,患者は転移の中で自分とともに私たちを行動化させようとする。
3．そこに非言語水準の,乳幼児期から作られ小児期と成人期に推敲された患者の内なる世界の諸局面が表し出されている。
4．患者の体験は,しばしば私たちの逆転移を通してのみとらえられる。

5．私たちは転移を理解するために，分析場面において私たちが使用されていること，何かが起こっているかに常に着目する必要がある。

4）ジョセフの転移論と技法に影響を及ぼしたと思われる分析ケース

英国クライン派の伝統の中とは言え，ジョセフは独自な転移論と技法を作りました。そうした作業にはジョセフが深くかかわった分析例がいることは，精神分析を実践している人なら推測されるでしょう。

私は，次のケースがそうではないかと思っています。ジョセフの7編の論文において，「大企業の管理職，高収入」の身だしなみに気を配る知的な男性でスキゾイド，マゾキズム，ゴム・フェティシストとして描かれている1969年の論文「倒錯の精神分析への臨床的寄与」に現れるB氏です。最後は1986年の「心的変化と精神分析過程」にN氏として描かれ，終結に向かう可能性が示唆されています。

1975年論文「手の届き難い患者/到達困難な患者」（Joseph, B. 1975）では，C氏として以下のように描写されています。

> ゴムフェティッシュのとても受動的な患者—C—に，分析家の中に自己の積極的で興味や思い遣りを持つ部分を投影しているようであり，それで分析家はその圧迫を感じながら，積極であれとの要求や何かをなし遂げたい願望を行動化するように期待されている，という過程が進行しているのをた

表1　ジョセフが深くかかわった同一例と思われるケース

1969/1971年	「倒錯の精神分析への臨床的寄与」	Case B.
1975年	「到達困難な患者」	Case C.
1976/1981年	「心的痛みの経験へと向かう動き」	Case C.
1981年	「精神分析過程における防衛メカニズムと幻想」	Case N.
1981/1982年	「瀕死体験への嗜癖」	Case A.
1983/1985年	「転移：全体状況」	Case N.
1984/1987年	「投影同一化：臨床的諸側面」	Case N.
1986年	「心的変化と精神分析過程」	Case N.

びたび観察した。……私は，彼が自分で作り上げたある種のバランスに頻繁に引きこもるのに気づき始めた。……手が届かないように彼が使っている幾つかの機制が転移の中に「リビング・アウト」している。(Joseph, B. 1975. p.84-)

1986年の「心的変化と精神分析過程」(Joseph, B. 1986) には次の記載があります。

分析の終結が検討されている。……初めはスキゾイドで受身的な男性としてやってきたが，それから幸せな結婚をして積極的に人生を楽しめる人間として，はるかに思い遣り深くなり，気遣いができるようになった。……長期の心的変化は，転移の中で私たちが一瞬一瞬見ていく絶え間ない細かな変動と動きに基づいており，それの継続である。そして，葛藤のあらゆる現れと同じように，それは決して終わることがない。(Joseph, B. 1986. p.199-202)

もちろんこのケースは，1983/1985年の「転移：全体状況」論文でもN氏として描写されています。受け身的で変化を好まない男性です。ジョセフはおそらく20年に近い長期に及んでその男性の心的変化に働きかけました。それはフロイトのウルフマン，あるいはそれ以上に，ジョセフの転移論や技法に陰に陽に作用しているはずです。

4．現代クライン派における「転移」

ジョセフの転移論を源流とする現代クライニアンの転移論は，クライン・グループの主流派がヒンシェルウッドの『クライン派思考事典』(1989/1991) を改稿した『新クライン派思考事典』(2012) でその概要を知ることができます。それをまとめてみると次のようです。("Transference" New Dictionary of the Kleinian Thought. 2011. p.515)

転移は，子ども時代の経験の詳細，とりわけトラウマのそれの精神分析的再構成に新たな明晰さをもたらす，過去のエナクトメントと見られるようになりました。それからは，面接室でのエナクトメントは現在の無意識的空想の外在化と見ることができます。そこで導かれるのは，転移は分析家との患

者の関係性の一つの複合物，しばしばその関係性の多分割された集合体であると見られるでしょう。

　読者は，この転移論では「エナクトメント」が強調されていることを理解されるでしょう。エナクトメントは患者と治療者の双方に発生します。ビオンが「ラテラル・コミュニケーション」と表現した患者の非言語的コミュニケーションを，ジョセフは「アクティング・イン」と表しました。そしてそれが後に「エナクトメント」という用語に置き換えられます。

　『新クライン派思考事典』の次の一文からは，現代クライン派分析家がジョセフの「全体状況としての転移」を踏襲していることがわかります。

> クライン派の考えでは，転移という用語は次第に，分析家との患者の関係のすべての局面を包含するようになっている。この強調は，とりわけジョセフの業績では重要である。彼女は，患者は，自分の衝動の満足を得るためだけでなく，自分の防衛態勢を支持するためにも**転移を使用すること**を例示している。("Transference" New Dictionary of the Kleinian Thought. 2011. p.518)

5．逆転移論

　改めて述べるまでもありませんが，現代クライン派の転移論は逆転移への注目と切り離せません。と言うより，転移の理解に逆転移のモニタリングは不可欠なものです。

ハイマンの逆転移論

　逆転移の治療的利用を明確に提示したのはハイマンであり，彼女はバリントに続くジョセフの二番目の訓練分析家でした。ハイマンの逆転移に関する記述のポイントは以下のところにあります。

> 私は「逆転移」という用語を，分析家が患者に対して経験するすべての感情に及んで使っている。……分析家の逆転移とは，患者の無意識を探っていく

道具である。（Heimann, P. 1950. p.71）

……分析状況は……二人の人物の関係である……患者の自由連想についていくために，万遍なく注意を漂わせる必要がある……その分析家には，患者の情緒の動きや無意識の空想についていくための，自由に湧き上がる情緒的な感受性が必要である……分析家の無意識が患者の無意識を理解するというのが，私たちの基本仮説である。……深い水準でのこのラポールは「逆転移」として，患者への反応の中で分析家に気づかれる感情として表面に現れる。……分析家に湧いている感情を患者の連想や振る舞いと照合することは，患者を理解できたかどうかをチェックするとても価値ある手段である。(p.75) ……分析家の逆転移は……患者による創造であり，患者のパーソナリティの一部である。(p. 77)（Heimann, P. 1950）

ジョセフの逆転移論

この論文から25年後にジョセフは「手の届きがたい患者」（1975）の中で，逆転移を通して関係の質を理解することを次のように著わしました。

分析家は，理解力や見たところの触れ合いや感謝やよくなっているとの報告さえある，まさに進行中の分析のように見える状況の中に自分がいることに気づく。それにもかかわらず空虚感を抱く。自分の**逆転移**を吟味すると，すべてが少しばかり安易すぎ，心地よく葛藤もなく，葛藤の兆しが現れてもどこかすぐに消えてしまうように思われるだろう。（Joseph, B. 1975. p.76）

このジョセフの見解が，現代クライン派での，転移と逆転移は相互作用し（Segal, H. 1977. p.82），そのダイナミズムは，患者の投影同一化によって発生する分析家の中の逆転移という認識を共通基盤とする考えを推進させました。

ジョセフの転移の記述は，ハイマンが主張した逆転移の知覚に行き着きました。それを追ってみます。

分析家の中に生じる感情である逆転移は，転移のようにもともとは分析作業にとっての妨げととらえられていたが，今やもっと広い意味で使われてお

り，もはや妨げとはとらえられず，分析過程の不可欠な道具ととらえられている。さらに，私たちが使用されているという考えや何かが常に起こっているという考えは，私たちが気づけるなら，転移の他の多くの側面を明らかにしてくれる。……いかなる瞬間であれ，患者が機能している水準とその不安の性質は，転移がどのように能動的に使用されているかに気づこうと努めることによって，一番よく判断される。(Joseph, B. 1985. p.157)

6．ジョセフの技法論

1）ジョセフの転移技法論

こうして逆転移を包含して転移をとらえるジョセフの分析技法論が形作られました。転移論は箇条書きで先ほど示しましたが，ここでは彼女の転移を扱う技法論を述べてみます。

1. 防衛システムにより現在の「**心的平衡**」を保とうとする患者のニード（変化への抵抗）
2. それを考慮した，クラインの「**全体状況としての転移**」概念に依拠した技法
3. 転移と逆転移の相互作用：**投影同一化と逆転移の使用**
4. セッションの中の生き生きとした**今ここの体験に留まること**（醸し出されている雰囲気の変化，トーン，行為や**圧力**，共謀への引き込み（とその影響））
5. 患者が何を話しているのかではなく，自分のコミュニケーション——分析家がエナクトメントに加わり（**逆転移性エナクトメント**），自己と内なる世界の様相を生きること——を通じて，**分析家に非言語的に圧力を加える**。潜在的なコミュニケーションとしての重要性に分析家は気づく。
6. 今ここの体験での感情の当面性から遠のき知性化してしまうことを防ぐために，生育歴から考え始めたり，時期尚早に患者の過去と結びつけない。

2）転移解釈の実際

ジョセフの転移解釈の実際については、ワークショップに出席していた分析家ブリシア・ロスが論文「風景を定位すること」（Roth, P. 2001）に明確に著わしています。それは、論文導入部の米国分析家ジオバチーニ Giovacchini, P.（1982）が『フロイトを読むための臨床家の手引き』（『A Clinician's Guide to Reading Freud』）に提示した素材への彼女の解説にうまく表現されています。ジオバチーニの素材のおおよそ次のようです。

> 27歳の女性は自分が踊っている夢を分析中にみた。ぼんやりであったが、彼女にダンスを誘ってきた男性が着ているグレーのスーツが見えた。彼女らは部屋の中を踊ってまわったが、突然、この男性は彼女を部屋の隅に追いやり、彼女に身体を押し付けた。彼女は彼の勃起したペニスを感じていた。
>
> 私がグレーのスーツをよく着ていて、転移が明確にエロティックなので、私はこの夢が私への彼女の性的な感情を明瞭に示唆していると確信した。私はまた、彼女が自分の衝動に対して苦闘し防衛していると分かっていた。
>
> 彼女は他の無関係と思われる話題を追おうとしたが、私はこの主題を追いたいと思い、その夢についての自由連想を彼女に求めた。夢がぼんやりとしていたことなどの幾つかの夢の要素を、彼女はためらいながら考えた。そこで私は、グレーのスーツを着ている男性に彼女の注意を向けさせた。彼女は1分ほど黙っていたが、その後、ひどく不安になったように見えた。彼女はカウチが激しく回転しているように感じ、酷いめまいの感覚を最終的に報告した。これらの感覚は次第におさまり、話を続けたが、夢にはまったく言及しなかった。
>
> 私は好奇心を強く抱いて思わず彼女をさえぎり、夢について尋ねた。彼女は無邪気に答えた：「何の夢？」。驚いたことに彼女は完全に夢を忘れてしまっていた。
>
> それで私は彼女に夢を再度伝え、彼女が夢を思い出すのを手伝った。グレーのスーツを着ている男性に彼女の注意を私が再び向けさせると、彼女はカウチが回転しているとまた感じて、記憶から夢を完全に消し去ってしまった。私は3回試みたが同じ結果となった。（以下、筆者による省略）
>
> （Giovacchini, 1982: 13）

ロスはこの臨床素材から転移解釈の4水準を示します。後に行くほど高度な技術となるのですが、ジョセフの技法はそのレベル3, 4にあたります。

「レベル1」は、患者の語った夢だけに焦点化した、この女性の重要なエディプス対象と、それにまつわる情緒に言及する解釈です。それは次のように解釈されます。「夢のスーツの男性は、あなたの怖れている父親です」、「あなたの夢はあなたの父親についてのものです。父親に対してこのように思っていると知るのをあなたは怖れています」。

この解釈では、治療者は患者の重要な内的対象とそれへの感情を伝える外部の観察者の立場です。ドラ・ケースでフロイトが実際に行った解釈と同じと言えるでしょう。

次の「レベル2」は、患者の夢と分析セッションでの分析家との関係の重複に注目し、転移対象としての分析家に関連づける解釈です。例を挙げれば、「私はグレーのスーツをよく着ていますね。ですから、あなたの夢は私についてのものです。それで、あなたは夢を怖れています」。

ここでは焦点は、夢の人物よりも患者が今ここで会っている分析家にあてられています。ただそこに解説的な言明が含まれています。

そして、「レベル3」にあたるジョセフ水準の今ここでの転移解釈です。その解釈は次のように伝えられるでしょう。

「今、このセッションで起こっていることがあり、あなたに解釈している私は、夢の男のように知覚されています。まるでその夢が、ここでも繰り返されているかのようです」。

患者が無意識に知覚している、今ここという分析場面への分析家の言及です。転移/逆転移関係に生じる患者のアクティング・インと分析家をエナクトメントへと引き込む患者の無意識の企てに焦点をあてる技法です。夢にはダンスを性愛化してこの女性を追い込む男性が現れていますが、分析場面では分析家が夢を取り上げる解釈で患者を追い込む行為をしていることが分析家に自覚され、それが取り上げられています。すなわち、分析家がエナクトしていると患者が感じたり、まさに患者の内なる世界のシナリオをセッションでエナクトするように患者が分析家を引き込むやり方を取り上げる解釈です。

「レベル4」もまたジョセフ、そして現代クライン派の転移解釈技法です。

すなわち，エナクトメントの中で分析家が自身の不安と防衛によって演じている役割に注意を払い，分析家中心の今ここでの転移解釈を行います。転移/逆転移関係に生じている両者のエナクトメントを含む今ここでの経験を，実感させる解釈です。

例を挙げれば，「あなたの夢のように，私はあなたを繰り返し追求し，あなたを怖がらせる仕方で隅に追いやっている状況に私たちは至っているようですね」。

7．まとめ：ジョセフの転移論

ジョセフの転移論は，クラインの「全体状況」に従うのですが，転移は患者が関係の中に持ち込むすべてを含みます。そこで患者は能動的に転移を使うのです。患者は自分の防衛システムに引き込み，分析家を無意識に行動化や共謀させようと転移を使います。

分析家は，患者の言うことのみでなく，関係の中で起こっていることや分析家の使用に注意を集中させることで，分析家の中に生じた感情，すなわち「逆転移」を通して，その体験をとらえます。つまり，ジョセフによれば，転移も逆転移も意識に近いものなのです。

ジョセフの見解では，転移の乳幼児期起源は当然の前提であり，改めて探求する問題ではありません。分析場面の今ここで生きられるものが転移であり，逆転移の吟味を続けつつ，両者のエナクトメントを含むその転移関係を受け入れながら，分析家が表象している内的対象との関係やそれへの思いを解釈するのです。

第4章　ウィニコットの転移

　ウィニコットは，次に挙げるビオンと同時代に働いた精神分析家であり，クラインからはスーパービジョンを通して多くを学びました。もともとはクライン・グループの有力な一員で，「躁的防衛」を英国協会での分析家資格論文として提出した，ビオンの分析的な兄と言える人物です（松木 2001）。

　クラインのコンセプト「無意識的空想」が内的世界のすべてを表していると理解されていた当時，英国精神分析協会において，表象の存在を前提とした無意識的空想形成以前の，より原初的な心的経験を想定していた分析家は，ビオンとウィニコットだけでした。つまり空想という表象を含み記憶化される以前の，非表象水準の転移にウィニコットは着目していました。このことが，ここでウィニコットの転移論を取り上げた理由です。

　ここにこそ，ウィニコットが「患者は退行する必要がある」，「治療者の失敗が精神分析の成功を導く」と述べた理由があります。そこに彼は，非表象水準の転移を可視化する，つまり表象の導入へと変形させる技法とプロセスを見出しました。

　ところで，それに際してウィニコットが，「私の場合は，メラニーの激しい反対と対峙しながらでしたが，私が25年間述べしようとしてきたことをビオンが述べているということが私にとって重要です」と，ウィズダム Wisdom, J. O. への手紙（1964年10月26日）に書いているのが興味深く感じられます。

1．転移の2水準

　ウィニコットはまず，転移に二つの水準があることを述べました。
　彼の表現ではそれは，「神経症」水準と「重篤な精神病理」水準です。そ

して，後者，重篤な精神病理水準に関わる転移論にこそウィニコット独自の貢献があります。それはボーダーラインやナルシシズム，あるいは精神病といった用語で記述される精神病理での転移現象の記載ではなく，実存哲学に基づいた精神分析的心的生成・発達論と技法論を十分に含み込んだ論述です。

a.「神経症」水準

　この性質の転移では，「転移神経症」を形成できるほどに，自我は成熟し構造化されています。その結果，表象や象徴が患者本人にも分析家にも認識され使用されます。この転移は，クラインが提示した抑うつポジション水準の無意識的空想を抱ける人々にほぼあてはまります。ウィニコットの表現を引用すると，次のようです。

> 最早期のパーソナルな生育史の中で乳児の世話がほどよくなされ……個人の自我が……存在……できる……よう……にした。……その結果，分析家は自我の確立の早期段階を当然あったものとみなすことができる。(Winnicott, D. W. 1956/1958. p.295)

b.「重篤な精神病理」水準

　この性質の転移を展開させるのは，「偽りの自己」を発達させるという心的発達最早期病理を抱えた人であるとウィニコットは言います。「存在すること」の連続性が妨げられ，自身の消滅を体験する，「考えることのできない不安」unthinkable anxiety に襲われる病態です。「考えることができない不安」とは，たとえばムンクの「叫び」に描かれているような「妄想気分」と精神病理用語で表現される，その不安に言語表象や事物表象が付与されていないために，思い浮かべられない，考えられない不安です。

　ここには考慮しておくべきウィニコットの見解があります。それは，こころの組織化の最初の機能形態とクラインの用語「妄想－分裂ポジション」の拒否です。ウィニコットは次のように言います。

> 妄想-分裂ポジションという用語は確かにひどい。しかしそれでも次の二つのメカニズムに決定的に重要な形で出会うとの事実は無視できない。すなわ

ち，(1) 同害報復の激しい恐怖，(2) 対象の「よい」と「悪い」というスプリッティング。乳児はこのように始まると最終的にクラインは考えたようだが，だがこの見解は，自我が組織化されて赤ん坊が対象をコントロールするのに投影ととり入れのメカニズムを用いることができるようになるまで，ほどよい養育があればこうした二つのメカニズムがおおよそ取るに足らないだろうことを無視しているように思える。もしほどよい養育がないなら，その結果は，同害報復の激しい恐怖や「よい」と「悪い」の対象のスプリッティングよりむしろカオスなのである。(Winnicott, D.W. 1962b. p.177)

この水準の転移は，ウィニコットの表現では，乳児が「絶対的依存」にあるときに，それへの環境/母親の適応が不適切で，そのため個体の「存在することの連続性」を妨げる侵襲が体験され，その結果「偽りの自己」を発達させるという最早期病理を抱えた人から生じる転移です。この転移は，そもそもの体験が表象化されていないので無意識的空想を形成できていないゆえに，思い出すことも言語的にコミュニケートすることもできず，よってそのままでは変形されえないという性質があります。この理解には，ビオンによる言い換えが有用でしょう。

> ……患者は未来の不安を表現するかもしれません。それは<u>彼が思い出すことができない思考だろう過去の多くの特徴を保持します</u>。また，未来を思い出すことはできません。なぜなら未来はまだ生じてないからです。これらの事がらはものすごくかすかに表現され，実のところは非常にパワフルであるかもしれません。私が想像できるのは，あまりパワフルに<u>表現できない**考え**</u>があるかもしれないことです。なぜなら，まだ起こっていない未来に葬り去られ，もしくは，忘れ去られた過去に葬り去られ，<u>私たちが「思考」と呼ぶものに属しているとはまったく言えない</u>からです。(Bion, W. 1977, p. 43)（下線は筆者による）

このように，ウィニコットは非表象水準の転移の存在を記していました。

2. 重篤な精神病体験とは

　精神病性不安の性質をウィニコットは独自に探究していました。そうした不安を抱える患者の病的体験の性質の概要を知ることは，彼の転移論を知るためには欠かせません。それにここでは触れてみます。

a. 破綻の恐れ

　ウィニコットは「破綻の怖れ」fear of breakdown について，おおよそ次のように言及しています（Winnicott, D.W. 1963, 1965）。

　それは個人の過去の経験，環境の放縦さに関連している。起源的な「原初的苦悶」agony の恐怖であり，「考えることのできない不安」；すなわち，パーソナルな存在の絶滅，自己のほんとうの中核を傷つけてしまう絶滅的な外傷の感覚である。

　それは，未だ起こっていないゆえに記憶にとどめておかれないもの，すなわち，過去に生じていたにもかかわらず，経験されていないものなのです。

　臨床的な「破綻の恐れ」は，患者にとってパーソナルにはすでに経験されている破綻への恐怖ですが，その事実は自我に統合されなかった無意識の中に持ち込まれ，隠されています。その隠されていた恐怖が，分析家の失敗や過ちへの反応として，転移の中に持ち込まれることで初めて表象化され，苦悶が（意識的に）経験される道が開かれています。この恐れは「死の恐怖」，「空虚さへの恐怖」にも一部当てはまります。

b. 破綻 breakdown

　ちなみにウィニコットの言う「破綻」とは，考えられない事態/防衛組織の失敗であり，単一な（unit）自己の確立の破綻を指します。破綻時に経験されるのが，「原初的な苦悶」です。それは，ａ）未統合の状態への回帰（防衛：解体），ｂ）奈落に落ちていく（防衛：自己-抱え），ｃ）心身の馴染み合いの喪失，内に棲むことの失敗，ｄ）現実という感覚の喪失（防衛：一次ナルシシズムの搾取　他），ｅ）対象と関係する能力の喪失（防衛：自閉状態，自己-現象のみと関係すること）といった性質を有します。

3．転移の展開

　精神病性不安，すなわち，すでに起こっていたが経験されなかったために，非表象領域に置かれていた破綻の感覚とその破綻の怖れが精神分析場面に持ち込まれます。それらが精神分析場面において分析家によって対応される過程をウィニコットは概略化して示しました。

> 　ある特定の環境の失敗に対して，個人がその失敗状況を凍結することによって自己を防衛することができるのは正常で健康なことである。……改まった体験の機会が後日生じるだろう……そのとき，個体は退行状態にあり適切な対応を行っている環境の中にいて，失敗状況が解凍され，再体験されることが可能になるだろう。
> 　そこでの「早期環境の失敗に関連した怒り。それは現在において感じられ，表現される」。精神分析の設定においては「同害報復の反応がなされないことが当てにできる。分析家は生き残る」。患者は「退行から依存へ戻り，自立に向かって順序よく前進する。本能的なニーズや願望が，真の生気と活力をもって実現可能になっていくものとなる。(Winnicott, D. W. 1954)

　上述のウィニコットの記述を，これから以下のa., b., c.の順で解説してみましょう。
　ウィニコットは，転移が展開し，分析が有効であるために不可欠な3つの要素を取り上げます。一つは環境の提供，すなわちa.ホールディングです。二つ目は，b.患者が退行することの必要性です。そして三つ目が，c.治療者の失敗による精神分析の成功です。
ここでは，これら3つの要素を解説します。

a. ホールディング holding

　ウィニコットは，1950年代半ばまでは「ホールディング」という用語を使っていません。ホールディングは二つの役割を持っています。一つは環境の提供であり，もう一つは抱える機能です。

環境の提供

乳児期早期にあたる"私はいる"というだけの「『絶対的依存』のときに、母親/生きた人間にホールディングされることで愛情を理解する」(Winnicott, D.W. 1955) とウィニコットは言います。それは母親が、乳児が安全に生きていける環境を提供することであり、精神分析では分析家がその設定が保持されるマネジメントを行うことですが、「母親は乳児の環境を整えるが、乳児は母親の存在に気づかない」のです。

ウィニコットによれば精神分析場面で抱える環境を作り出すのは、解釈することを伴う、あるいは含み込む治療設定と分析家の向ける注意です。

抱える機能

ホールディングは補助自我機能を提供することでもあります。それは母親の原初的没頭や分析家の注意で表現されます。ゆえにウィニコットは、「『抱えること』は乳幼児の心身両面での成長に伴って現れる日ごとの些細な変化に従う」(Winnicott, D.W. 1960) と言いました。

ホールディング/抱えることの機能がもたらすことを3つ、ウィニコットは挙げました。一つは、解体を防ぐ/精神病を病まないこと、二つ目は、生理的欲求が満たされる＋(母親の共感を)あてにできる＋物理的侵襲からの保護 (Winnicott, D.W. 1955) であり、三つめは、潜在空間を現実化させることです。一方、ホールディングの失敗がもたらす悲劇は、その個が解体し、存在の基盤を失い、奈落の底に落ち込むことなのです (Winnicott, D. W. 1963)。

b. 退行の必要性

自我が未熟で未構造なままにあるとき、つまり自我がまだ存在していないに近い状態で発生した外傷状況は、自我はそれを経験していても認識できていない、つまりその経験は表象として記憶されていません。重篤なケースでは、この事態が転移されていることにウィニコットは気がつきました。ゆえにそれは、表象を持たず、その結果当然ながら、象徴化されない転移です。当時英国協会でこの質の転移に気がついたのは、ウィニコットだけでした。後にビオンが気づきます。

その経験が表象化されるためには，患者が退行し，最早期乳児期の母親の失敗による外傷体験を，分析家の何かの失敗を契機として精神分析場面に実在化することが不可欠なのです。こうしてその経験は表象を持つことができるようになり，それによって初めて患者自身に意識的に認識されていきます。すなわち，患者が退行状態で経験する，分析家とその失敗に，過去の母親の失敗が初めて表象化され，二人が認識できる現象として実在化されるのです。

c．治療者の失敗と精神分析の成功

分析家が分析過程の何処かで失敗することが，転移的にその患者の乳児期の母親の失敗による外傷体験を分析場面で再現し表象化することになります。つまり分析的にワークスルーする機会がここに実在しています。

そのとき，その失敗を咎められ非難されるがゆえに分析家が潰れたり，逆にその失敗を咎める患者を分析家が攻撃・破壊することがないことが重要です。分析家は患者とともに，その場に現れてきている，失敗している体験を生き抜くことによって初めて新たな展開が発生し，それによって精神分析治療としての成功がもたらされます。

発達的には，乳児の頃，母親が乳児の世話に何らかの形で失敗したために，乳児の自己は侵襲を受け，その体験の外傷感や解体感をそのまま残しているにもかかわらず，それらはまだ未発達な自我は感知できず，体験が表象化されていない，非表象領域に置かれているままになってきていました。

改めて述べるまでもありませんが，ここでのポイントは，過去の悪い対象とは異なる新しいよい対象としてよいことを患者にもたらす「修正感情体験」を実践するのではなく，転移された悪い対象として居続けながら，その外傷体験に異なる意味を患者が見出す機会を提供し続けるという，患者が展開している陰性転移をワークスルーしていく精神分析の正統な方法が維持されることにあります。

この陰性転移を生き抜くという考え自体は，クラインが英国精神分析に持ち込んだ伝統的発想です。しかしながら，その意味付けはクラインとウィニコットではこのように異なっていました。クラインやアイザックスは，「無意識的空想」概念から，乳児は生下時から内的表象を獲得しており，その表象に基づいて外界は体験されていると理解していました。

この技法的な相違は，ヒンシェルウッドによって次のように表現されています。

> 患者がどのように（そして，なぜ）分析家を使うことを必要としているかを表現するなら，クライン派分析家は叱責される。一方ウィニコッティアンは「自分の対象を創ろうとしている」患者のためのやり方で「プレイされる」ことを許容しているその有り様ゆえに賞賛される。……Winnicott には，あたかも内的世界は過去のトラウマが意味を持つ外的世界に入っていくその経路の産物である。Kleinian には（視覚像といった）外的世界を取り扱う感覚の感知は，そもそも（たとえば飢餓のといった）内的レセプターに基づいて形成されている。(Hinshelwood, R. 2018a. p.175)

4．分析的な治療者論

ウィニコットは精神分析の実践とは，その技法プラス a であると気がついていました。単に技法であるなら，分析家の能動的なペースで分析を進めることが可能なのでしょうが，そうではなく，患者に起源する転移の発生と発達が精神分析プロセスを導くのです。そのことを次のように書いています。

> 分析は単に技術的な実践ではない。それは，私たちが基本技術を獲得する中で，ある段階に達したときにできるようになる何かである。私たちができるようになることのおかげで，次のような過程に従う際に，私たちは患者と協力することができるようになる。その過程とは，それぞれの患者においてそれ独自のペースがあり，独自の道筋を辿る。すなわち，この過程の重要な特徴はすべて患者に由来するのであり，分析家としての私たち自身からではない。(Winnicott, D. W. 1954. p.278)

5．ウィニコットの事例：「引きこもりと退行」1954より

ウィニコットが退行とそれへの解釈を著わしたそのヴィネットをここに紹介しましょう。

患者は精神破綻をきたし，自発性の喪失，幻覚の発生に至り精神科病院に入院していた男性医師です。ウィニコットとの分析でのほんの一場面を示します。

　患者は分析で「カウチの上でほんの瞬間引きこもったときに，私は身体を丸めてカウチの後ろに転がった」という空想を報告した。しかしながらウィニコットの観察では，実際には仰向けのままだった。
　ウィニコットは次の解釈をした。
　「あなたが身体を丸めて動いたことをあなたは話しながら，同時にあなたは気がついていないから，そもそもあなたが言い表していないものを暗に伝えています。あなたは培地 medium の存在をほのめかしています」
　それに患者は「オイル，その中で回転している輪のように」と応答した。
(Winnicott, D. W. 1954/1986. p.188)

　解説してみましょう。患者は退行し，夢と，現実のカウチ上という二つの領域があいまいな感覚にありますが，それはそのままウィニコットに受け入れられています。そこでのウィニコットの解釈は，患者にとって子宮内での体験かもしれない，表象化されていない出来事を患者が伝えていることをウィニコットが理解していることを伝えています。そしてそれが，培地 medium の存在と言い表されている，その患者をホールディングする環境に支えられていることも伝えています。
　患者はウィニコットの解釈を受け容れ，それを自身のことばで「オイル」と表現し，「輪」という表現で自己を表象化しています。
　ウィニコット的に表現するなら，この分析場面を現実でも空想でもなく，どちらでもない第三の領域である中間領域で，二人がその体験をプレイし，同時に観察していると言えるでしょうか。

第5章　ビオンの転移論

　ビオンの転移論は，細かく分類するなら4期に分けることができましょう。すなわち，第1期 1940年代の集団研究に力を注いだ前分析家の時期，第2期 精神分析家となってクラインの理論と技法に基づいた精神病の精神分析を実践した1950年代（「前期ビオン」，あるいは「認識論期ビオン　第1期」），第3期 クラインの死後，自身の考えを科学的方法論で追求した1960年代前半（「中期ビオン」，あるいは「認識論期ビオン　第2期」），そして第4期 精神分析経験を独自の存在論からの分析技法で追究した1965年以降（「後期ビオン」）です。

　この間にビオンの転移のとらえ方は，驚くほど大きく推移しています。その結果，後継者たちはその中のある時期のビオンの転移論に力点を置くことになり，その集団によって異なった見解がみられます。

　英国クライニアンの転移論は，クラインの考えを踏襲していた精神分析家「前期ビオン」の転移論を参照し，ほぼそこに限定されます。それに対して，フェロらイタリアのポストビオニアン・フィールド理論グループは α 機能を想定した「中期ビオン」を参照しています。「後期ビオン」を支持するベルモートやグロトスタインらは，瞬間の一体に至る移行過程としての転移を参照しています。このように転移の理解にビオンの見解を引用するにしても，その実質が大きく異なる様相を呈しているのです。

1．前分析家時代　1940年代のグループ研究期

　精神科医として，あるいは精神療法家として働いていたビオンはグループ研究の中に転移を見ましたが，転移については，「グループ状況においては逆転移を想定するほどには転移を想定することにはまったく気が向かない。

転移と逆転移は分け難いものであるが，見解のこの記述は，個人治療からグループ治療に変えたときに起こると私が感じる強調点の変化を示している」（CWB 4. Group methods of treatment. p.65）と述べました。

グループ状況において，そのグループからの強力な投影同一化を感じ取ること，それがここで述べる逆転移です。ビオンは次のように言います。

> これらの反応は，グループ内の分析家が，メラニー・クライン（1946）の言う投影同一化の受け手となっているという事実に依拠しているというのが，私の信じるところである。……私には逆転移の経験はまったく明瞭な性質を有しており，それによって分析家が投影同一化の対象となっている場合とそうでない場合との区別を可能にするだろう。分析家は，いかに認めがたくとも，誰かの空想の一部を演じるよう操作されていると感じる。（Bion, W. 1948. p.149）

この文でビオンは「分析家が投影同一化の対象となっている」，「誰かの空想の一部を演じるよう操作されている」とグループからの投影同一化を強調していますが，この投影同一化を転移と読み替えることができるでしょう。のちに「大量の投影同一化」という用語を提案しました。この時点では，ビオンは「転移と逆転移は分け難い」と言い，逆転移に力点を置いていましたが，後に個人治療に専念してからは，転移に力点を移しました。

1961年にビオンは1940年代のグループ研究を著書「Experience in groups」としてまとめましたが，そこでは以下のように述べています。

> 転移は，baP（つがいグループ）から派生する集団特徴に彩られがちである。しかしそのグループ全体のワークグループ機能は，つがいグループ機能という源泉から生じる情緒的欲動によって妨害されることはない。（Bion, W. 1961. CWB. 4. p.203）

このようにビオンは「転移」の概念は，個人的状況からそのままグループワークに持ち込むことはできないと考えていました。この時期のビオンは転移を性愛と密接に結びつけて考えていたようです。すなわち，グループにおいては，転移関係を表わす，精神分析に存在する性愛活動が優勢なペア状況

はグループ現象の一部であるとの理解です。ですから次のように言っていました。

> フロイトは転移の研究に基づきグループを検討した。軍隊と教会をグループの例に挙げたが，それらはつがいグループを扱う議論にはならなかった。軍隊は闘争-逃避現象，教会は依存グループ現象と関係する。（Bion, W. 1961 CWB. 4. p.227）

ちなみにビオンはこの時期1945年にクラインとの8年間に及んだ訓練分析を始めました。1946年1月，前の訓練分析家であり，第二次大戦では陸軍で精神科軍医として同僚になったジョン・リックマン宛の手紙に，クラインと始めた分析について書いています。ビオンのリックマンとの分析は1937年に開始したものの1939年9月までで第二次大戦の為に中断していました。

> 私は今，メラニーとの間でちょっとばかり感覚をつかもうとしています。初め彼女は，貴方がしたほどには徹底して転移を取り上げていなかったようでした。しかし，おそらくこれは部分的なことでしょう。なぜなら，ステージが違います。ともかく，役に立つと信じています。（Letter to Rickman, 28 January 1946）

フロイト，フェレンツィとの分析経験があったリックマンは1934年から1941年までクラインの分析を受けていました。ビオンの手紙にさまざまな思いを抱いたことでしょう。というのはおそらくリックマンは，やがてクラインがビオンとの間でも徹底して転移を取り上げることを想像しただろうからです。

2．前期ビオンと転移（統合失調症論文〜考えることに関する理論）　1950年代から1961年

ビオンは1948年，51歳のとき，英国精神分析協会の精神分析家資格を取得しました。それと前後して個人開業での精神分析に専心します。そこでは統合失調症や境界精神病の精神分析を実践しました。同時にビオンは，クラインが開いていた臨床セミナーにスィーガル，ローゼンフェルド，ジョセフら

と参加していました。そこでは出席者たちによって，クラインが提示したスプリッティングや投影同一化といったスキゾイド機制，妄想‐分裂的対象関係，不安が，精神病の精神分析を通して裏づけられ精密に理解されていきました。前期ビオンの特徴はこうしたクライン精神分析の大きな影響下での臨床活動と思索でした。

当時スィーガルがビオンより早く統合失調症の精神分析を実践し，象徴研究を進め，統合失調症に見られる象徴等価物 symbolic equation（Segal, H. 1957）を記載する等，華々しい成果を示していたので，彼女の優秀さに目をみはっていたようです。そうではありながらも，ビオンは精神病に関する1956年の第2作目論文「統合失調症性思考の発達」に，精神病の転移の性質を要約的に記載しました。

> 分析家との関係は早まったもので突発的で強力に依存的である。生と死の本能の圧力の下に患者がそれを拡げるとき，現象の二つの同時発生する潮流が顕在化する。一つは，対象としての分析家との投影同一化（患者のパーソナリティのスプリッティングと，その断片の分析家への投影「非精神病性パーソナリティの識別」1957. CWB. 6. p.93を追加）が過剰に活性化し，ローゼンフェルドが記述したような，苦痛に満ちた混乱状態をもたらす。
> ……第二に，それが生の本能あるいは死の本能に基づくにせよ，優勢な衝動が露わになろうともくろむことで，心的活動やその他の活動はただちに，一時的に従属させられた衝動によって切断をこうむる。患者は混乱状態から逃れたい願望に動かされ，切断に苦しみ，限局された関係を復元しようと努める。
>
> すなわち，転移は再びその独特な特徴のなさを伴なって備給される。患者があたかも私の存在にほとんど気がつかないかのように，面接室に私を通り過ぎてまっすぐ入っていくにしても，あるいは，患者が感情むき出しの陰気な気さくさを見せようとも，限局された関係は見逃されることはない。分析を通して限局と拡張は交互に繰り返す。（統合失調症性思考の発達 1956年 CWB.6. p.87）

突発的で強力に依存的な転移関係，断片化したパーソナリティの分析家への過剰な投影同一化と同時に生じるパーソナリティの限局化を書き留めたこ

の文の続きは，翌年1957年の論文「傲慢さについて」に読み取ることができます。

> 分析のこの段階において，転移は，私が以前の論文で注意を促した特徴に加え，分析家としての分析家に奇異であるという点で奇異である。これの特徴は，分析家の様相――患者が分析家と同一化している限りにおいては患者の様相でもある――が，次々に盲目，愚か，自殺的に見えたり，好奇心がありそう，傲慢に見えたりすることである。……この段階では，患者は分析家が存在していること以外は何ら問題がないようであることである。さらに呈する光景は，フロイトの例えを使うなら，フィールドワークにおいて原初的文明ではなく，原初的破局の証拠を発見している考古学者にとってのものと類似した光景である。……つまり患者の中であれ分析家の中であれ，顕在化した自我に対して発せられた破壊的攻撃の行動化になっているためである。こうした攻撃は，乳房に向けられた乳児の空想上の攻撃に関してクラインが著した描写に酷似している。（傲慢さについて 1957年 CWB 6. p.132–33）

ビオンは転移を，投影同一化，スプリッティング，死の本能，破壊的攻撃，そして乳房に向けられた乳児の攻撃等，クラインのコンセプトを駆使して説明しています。

そうではありながらも，転移関係に関するビオン自身の観察も記述されています。「早まったもので突発的で強力に依存的である」，その一方で「限局された関係を復元しようと努力する」，すなわち「限局と拡張は交互に繰り返す」，「この段階では，患者は分析家が存在していること以外は何ら問題がないようである」等です。そして愚かさ，好奇心，傲慢といったビオン独自の表現も使用されています。ビオンはクラインに倣って心的機制も記載していますが，現象としての転移により注目していました。

総じてビオンが提示した精神病の転移の特徴は次のようです。

精神病者では視覚要素の肥大化が見られ，急速に転移が展開します。転移には依存性と皮相性が見られ，表層的動揺と頑固な持続がその特徴です。そしてそこには，強烈な破壊的情緒が活性化されています。対象関係の早まった，突然の形成と急激な濃密化が発生し，急激に膨張する感情を含んだ狭小化する具体的な対象関係が投影されます。

第5章　ビオンの転移論　63

　クラインにあわせざるを得ない理由もビオンにはありました。ビオンが一連の論文を英国協会で発表し始めた頃，その一つでクラインの業績にビオンが言及しなかったことが原因で，学術集会の終了後クラインが泣いていたことがあったのです。そこでビオンは1953年の「統合失調症の理論についての覚書」に以下の文を加えました。

> 今はそれができないのであるが，私の発言をよりよく理解してもらうためには，私がことさらその事実を告げていないところでさえ，統合失調症の精神分析理論に関する私の見解ではメラニー・クラインの業績が中心的な位置を占めていることをはっきりさせておかねばならない。(統合失調症の理論についての覚書　1953　CWB. 6. p.73)

　ビオンによる，一連の精神病者の精神分析に基づいた論文の最後にあたるのが，「連結することへの攻撃」(1959) です。
　1960年の早い時期（Cogitations. 1960/1992. p.166）にビオンは「数名の患者が私の技法はクライニアンではないと言った。これには根拠があると思う」と書きました。それが「連結することへの攻撃」には現れています。ビオンは明らかに死の本能論や羨望から出発するではなく，転移の原基としての乳児と乳房/母親の相互作用を，想像的推測かつ合理的推測として分析家のこころに置いた患者と分析家の相互作用，すなわち，転移に基づく視点に重点を置いていました。
　それでは，「連結することへの攻撃」(1959 CWB.6. 138-152) を見てみましょう。
　まず，臨床描写の**部分**です。ビオンの観察と解釈が示されています。

> （vi）セッションの半分が沈黙で過ぎた。それから患者は「一片の鉄が床に落ちた」と告げた。その後，身体を内部から襲撃されていると感じているかのように，沈黙を続ける中で，痙攣性の動作を見せた。私は「あなたの内で起こっていることへのあなたの恐怖ゆえに，あなたは私と接触を築けない」と言った。彼は「殺されているようだ」と言い，これを確証した。分析が彼を良くしてくれるので，分析なしで一体何ができるのか，彼には分らなかった。

私は「一緒に働くことで良くなっているとあなたに感じさせることができるために、あなた自身と私をひどく羨ましがっているゆえに、あなたは、私たちというペアを、一緒になることであなたに生命を与えるのではなく、殺してくる死んだ鉄と死んだ床としてとり入れた」と言った。

彼はひどく不安になって「続けられない」と言った。私は「あなたは続けられないと感じている。なぜなら、死んでいるか、生きていてもあまりに羨んでいるので良い分析を注視せねばならない」と言った。不安は際立って和らいだ。だが、そのセッションの残り時間は、彼の空想を否認する手段として外的現実との接触を保つ試みのように再び見えた、事実に関するばらばらな発言が取り上げられた。（連結することへの攻撃 1959 CWB.6. p.142）

この臨床場面についてビオン自身が解説を加えていますが、その二つをここでは示します。「解説1．」のところでは、クラインからの「羨望」、創造的カップルと排除された第三者という「早期エディプス状況」もコンセプトとして使われています。続く「解説2．」は、ビオンが「分析の文脈から切り離せば、彼の行動は一次的な攻撃性の表出のように見えたかもしれなかった」と述べていますように、患者が現わす破壊・攻撃を死の本能に帰していないことを伝えています。

解説1．連結への攻撃

このエピソードの理解に重要な馴染みの点とは、両親カップルへの患者の羨望が、彼自身と私で代用させることで回避されていたことである。この回避は、羨望と憎しみが今度は彼と私に向けられたために失敗だった。創造的な行為を営んでいるカップルは、羨むべき感情体験を共有していると感じられた。彼は排除された第三者とも同一化しているので、苦痛な感情体験も同様に感じている。……患者は……感情への憎しみ、従って一歩進めば、生そのものへの憎しみを抱いていた。この憎しみは、ペアを連結するもの、ペアそのもの、ペアによって生まれてくる対象に向けられた殺人的攻撃に寄与していた。……彼は、創造的なペア間の連結を形成するこころの状態へと向けられた彼の早期の攻撃の帰結と、こころの憎々しくかつ創造的な状態の双方との同一化に苦悩している。（連結することへの攻撃 1959 CWB.6. p.144-145）

解説 2．正常な度合いの投影同一化の拒否

患者は，彼のパーソナリティには強烈過ぎてコンテインできないと感じられた死の恐怖を，自身から取り除こうと懸命なときに，その恐怖をスプリットオフし，私の中へと置き入れたが，その考えは明らかに，その恐怖がそこに十分に長く憩うことが許されるなら，恐怖は私のこころによって修正を受け，安全に再とり入れできるというものだった。……私が彼のパーソナリティ部分を受け入れるのを拒否している，と患者は感じていた。……その結果，増大した絶望感と暴力で強引に彼はその恐怖を私の中に入れようと懸命だった。分析の文脈から切り離せば，彼の行動は一次的な攻撃性の表出のように見えたかもしれなかった。（連結することへの攻撃 1959 CWB.6. p.147-48）

「分析の文脈」という表現は，この状況を転移関係としてビオンがとらえていることを著わしています。そして，患者に見られていた攻撃性の高まりを，患者が自身の中には置いておけずに，分析家ビオンのこころにしばらく預けることで解毒され，安全なものにして自身のこころに戻そうという患者の意図を，ビオンが理解せず，解釈で早く戻した結果生じたものであることへの気づきを述べました。

ここでのビオンは自身の解釈の失敗に基づいて，分析場面についてのより深い理解に行き着いています。つまりビオンは，羨望や憎しみに基づいた患者からの侵入的な投影同一化という一方向の事態ではなく，二者間でのコミュニケーションとしての投影同一化という側面に視座を向け変えたのです。そして，それを受け取りそこなった自身の在り様を転移の文脈から見ています。ここが羨望に基づく陰性治療反応を患者の病理に帰すクラインや現代クライニアンとビオンの異なるところです。患者によっては，「あなたの技法はクライニアンではない」と言ったところと思えます。また，実際そうなのです。

実はビオンは彼のこの考えを「羨望」概念を提出した頃のクラインに伝えています。ブエノスアイレス・セミナーの第2回での次の発言からそのことがわかります。ちなみに，この場面はクラインの臨床セミナーにビオンがスィーガルやローゼンフェルドとともに出席していたときです。

あるとき３，４人の同僚と私は，その中の一人を困らせていたある症例を検討していました。その際，私はメラニー・クラインに次のように示唆しました。いくつかの理論，投影同一化の理論，とりわけ赤ん坊は自分で扱えないものを投影し，解毒の過程を経た後にそれを取り戻すということを提唱する理論と，彼女が当時取り組んでいた羨望と感謝に関する理論とを組み合わせることが可能であると私たちが心に留めるなら，この症例は，なんら困難，つまり通常陰性治療反応として知られるものを呈することはないでしょう，と。（Bion, W. 1968a/2021 p.18）

そして，クラインは「羨望」理論においてビオンのこの考えをとり入れることはありませんでした。

それから続いてビオンは，精神分析での構成の作業に自らが携わっていたことを示します。この乳児と母親間のある状況を構成する作業は，フロイト，クラインの伝統を引き継いでいます。クラインと異なるのは，母親が子の投影の対象として受身的に存在しているのではなく，母子の相互作用での母親の能動的な役割，機能を明瞭に記述していることです。ビオン自身が記述しているように，まさに転移の視点です。

構成：母親と乳児の相互作用についての「想像的推測」

私はこの一連のものを，彼の暴力が私の敵意ある防衛であると彼が感じたものへの反応である，という異なった視点から患者を見せてくれるので引用している。この分析状況は，私のこころの中に，極めて早期の光景を目撃している，という感覚を築き上げた。

患者が乳幼児期に，乳幼児の感情表出に義務的に反応した母親を体験したと私は感じた。この義務的な反応の中には，我慢がならない，「私にはこの子のどこが問題なのかがわからない」という要素があった。私が演繹したことは，子どもの欲しいものを理解するには，子どもの泣き声を母親の存在への要求以上のものとして母親が扱うべきだったのに，というものだった。

子どもの観点から言えば，母親が子どもの死につつあるという恐怖を母親の中にとり入れて，そうしたものであることを体験すべきであった。子どもがコンテインできなかったのが，この恐怖だった。彼は，それが置かれているパーソナリティ部分と一緒に，それを分裂排除し，母親の中へ投影しよう

と懸命だった。理解ある母親は，おぞましい感情——赤ん坊が投影同一化によって処理しようと懸命になっているもの——を体験できるし，そうしながら均衡のとれた姿勢を保持できる。こうした感情に耐えられず，乳児のその感情が入ってくるのを拒否するか，そのとり入れがもたらす不安の餌食になる反応をした母親に，患者は対処せねばならなかった。

……この再構成があまりに奇想天外な空想のように見える人もいるだろうが，それが私にはこじつけとは見えないし，早期記憶の適切な解明を排除してしまい，あまりに強調が転移に置かれ過ぎていると異議を唱える人への返答である。(連結することへの攻撃 1959 CWB.6. p.148)

ビオンはこの論文での「構成：母親と乳児の相互作用についての想像的推測」を次の論文「考えることに関する理論」(Bion, W. 1961/1962)——それはクラインの死後に発表されたものですが——において，独創的なメタ心理学の形態で深化させます。母親の対応は，乳児の中の感覚データ（「β 要素」）を母親の「α 機能」が原初的思考（「α 要素」）に変形する，という「もの想い」という母親の心的機能として新たにコンセプト化されました。

この「前期」の最後として，統合失調症者の「転移」に関して当時のビオンが記していたところを引用しておきます。

統合失調症者の関係性は，おもに分析家との間にあるのではなく，分析家＋彼自身とにある。つまり，それはおもに——二元性からナルシシズム——一つの社会的転移 social transference である。迫害者は，会話の即座の破壊の諸産物である。すなわち，分析家と患者が性愛的に話しているなら，そこで患者は，性愛的ペアを聴くと同時にそれを破壊し，それと同時に排出する。同時に患者は再構築する。言語的な意味等は再構築物であり，迫害者についての彼の描写という形態で聴くことができる。(Cogitations. 26 September 1959. CWB11. p.81)

このように時系列を追ってみますと，ビオンがクラインのスキゾイド機制を統合失調症等の精神病者の精神分析に活用し，さらにその解明を進めたことがわかります。ただそこに止まらず，治療者と患者に発生している転移的な相互作用により注目し，クラインの一者心理学的視点を完全に脱していま

す。また統合失調症の病理解明における視点を，クラインの原初的な破壊的陰性感情の対処にかかわる心的メカニズムから，「思考」の生成と成熟やそれにかかわる「考えること」の相互作用（コンテイナー/コンテインド関係）へと移します。クラインは1960年に死去しましたが，たとえクラインが存命していたとしてもビオンの飛躍的な進展はもはや止まりようがなかったでしょう。

3．中期ビオンと転移（Learning from Experience 1962, The elements of Psycho-Analysis 1963, Transformations 1965）1962-1965

　中期ビオンの論考は，著書『経験から学ぶこと』（1962），『精神分析の要素』（1963），『変形』（1965）に著述されています。前者の二著作は中期ビオンの中核であり，「考えることに関する理論」（1961/1962）の精密化された延長とも言えるものです。

　これらの著作では，認識論を基盤とする二価論理，デカルト的二元論に基づく科学的思考から論理が展開されていますが，その発想は斬新としか言いようがありません。前二著作についての書評が1965年の国際精神分析誌46巻に掲載されていますが，その書評の書き出しがまったく一緒なのです。どちらも「This is a difficult book」で始まります。『経験から学ぶこと』の書評者は独立学派の精神療法家ガントリップであり，後者はクライン派のモネーカイルによるものでした。ビオンを高く評価していたモネーカイルは最後に「この書に代わるものは存在しない」と書いています（Guntrip, H. 1965, Money-Kyrle, R. 1965）。転移に関するビオンの斬新な見解は『変形』に認められます。それを述べる前に，『要素』でのビオンの見解を紹介しましょう。

1）精神分析の要素における転移

　この『精神分析の要素』でビオンは，転移の要素として，患者が語る内容ではなく，患者の振舞い，あるいは室内や外的環境への目配りに注目する必要性を指摘します。これらはすでにフロイトが「想起すること」論文（1914）

で示し，クラインが「全体状況」論文（1952）で示していることです。転移とは治療者に直接言及していることだけを指すのではなく，また，非言語的コミュニケーションをアクティング・イン等の発想でとらえるのでもなく，それは面接室という構造化された空間内に遍在的に表し出されているものであるというとらえ方です。

　そうではありますが，ビオンの着眼点は，面接室内の事物であろうと，患者のエナクトメントであろうと，それが治療者の聴覚ではなく視覚によって認知されるものであることに力点を置いているところに違いがあります。治療者からは視覚像でとらえられる転移が重視されているのです。

> 転移の諸要素は，患者の振舞いでの自分ではない対象の存在に気づいていることを示す側面に見出されるべきである。患者の振舞いのどんな側面も無視してはならない。この中心となる事実との関連から査定されねばならない。彼の挨拶や挨拶の怠り，カウチや家具・天気への言及——それらはすべて，彼自身ではない対象の存在に関係する側面から調べられねばならない。(Bion, W. 1963 CWB.5. p.59)

　さらにビオンは斬新な視点から転移の情緒面について検討します。転移解釈に言及するなかで，それが情緒に触れること，すなわち，L（愛すること）やH（憎むこと）に力点を置くのではなく，あくまで患者が自身の事実・真実を知ること knowing に焦点化されること，つまりKが解釈に収められることを主張しました。ここでは「知ること」＝Kは情緒体験に位置づけられています。私たちは真実を知ったときにはこころに響く，ある種の感動を体験しますが，それこそが，精神分析での知ることであるとビオンは明示しました。

> 転移解釈はあらゆる素材に差別なく言及するが，その重要性を評価する際には高度に選別的な点が特異である。……分析家は，患者とのK関係の表出である解釈に限定される。（同上　CWB.5. p.59)

　陰性転移ではH，憎しみの情緒が治療関係を陰に陽に支配しますし，恋愛転移，性愛転移ではL，愛するという情緒が表在化します。それらがK体験を妨げます。一方，偽った陽性転移に見られる −K にもビオンは言及してい

ました。真実を体験することを回避するための，偽りや虚言による真実の隠蔽です。

2）転移に見られる変形のタイプ：『変形』(1965)

後にビオンはO→Kの必然性を主張しますが，この時点ではKの追究を続けました。精神分析体験を科学モデルからとらえる試みとして，著書『変形』では幾何学の変形理論を採用し，その応用による新たな転移理解を試みました（Bion, W. Transformations 1965）。

a. 転移における変形

そこでは転移の質に3種類を見出し，それぞれを「硬直運動変形」，「投影変形」，「幻覚症における変形」と名づけました。実際にはビオンの臨床観察のさらなる緻密化を背景に，そこから新たな展開が始まったのでしたが，変形と転移の関係について，ビオンは次のように述べています。

> 変形の過程に関するかぎり，転移は卓越した役割を演じ，その最終産物〈T（患者）β〉が分析家によって「転移神経症」と呼ばれるものであると私は仮定する。変形において重要な転移の側面は，抑圧されたものを過去の断片として想起する代わりに，「現在の経験として反復する」傾向としてフロイトが記載したものである。(Bion, W. 1965 CWB.5. p.142-43)

ビオンは続けます。

> 有り難くない忠実さで生じるこの再現は，乳幼児期の性愛生活の断片を，ゆえにエディプス・コンプレックスとその派生物の断片を常に含んでおり，転移すなわち，医師との関係で規則的に演じられる（Freud S. 1920）。(同上 CWB.5. p.142-43)

このようにビオンは，転移神経症，反復，乳幼児性愛，エディプス・コンプレックス等とフロイトが精神分析に必須な要素として提示したコンセプトを，物語り（ビオンの「グリッド」でのC「夢・夢思考・神話」水準）から，より科学的な論理（G「科学的演繹体系」）に収める試みをおこないました。

三種の変形のうち，まず「硬直運動変形」から紹介しましょう。

b. 硬直運動変形 rigid motions transformation

硬直運動変形は，ビオンの表現をそのまま引用するなら次のようです。

> 乳幼児性愛とエディプス・コンプレックスおよびその派生物にふさわしい感情や考えは，特徴ある全体性と一貫性を保って，分析家との関係に転移される。この変形はほとんど歪曲を含まない。フロイトが使ったように，「転移」という用語は，感情と考えのある適用範囲からもう一つの範囲への運動というモデルを含んでいる。そこで私はこの変形のセットを「硬直運動」rigid motions と定義することを提案する。（同上 CWB.5. p.143）

「ドラ」や「ラットマン」といった症例でのフロイトによって記述された転移状況を思い浮かべるとわかりやすいかもしれません。ドラはフロイトに，彼女を性的に刺激し誘惑してくるK氏（その起源は幼児期の父親）のそのままの姿を重ね，フロイトがドラの性愛を解釈することで刺激し誘惑していると見ていました。ラットマンは彼を去勢で脅かす幼児期の父親その人をフロイトに見ていました。

ドラやラットマンの変形されない感情と考えが特徴ある全体性と一貫性を保ってフロイトとの関係に持ち込まれています。それが，ビオンが「硬直運動」と命名した性質の転移です。古典的な転移神経症に当てはまります。

c. 投影変形 projective transformations

転移の形成に際して，対象との間で投影による同一化が作動しているものです。それは次のように，硬直運動変形とは異なる変形と見なされることをビオンは述べました。

> 「転移」という用語は，刺激に対する反応の記述のために取って置かれるべきだからである……投影変形の Op［患者の経験：筆者追記］は，硬直運動変形の Op と同一と見なされてはならない。（同上 CWB.5. p.152）

あるとき私のオフィスのビルでは窓清掃があり，その日いつもは開けている窓際のカーテンを私は閉めていました。その日の何人目かであったある患者は，入室してすぐに不機嫌な様子を見せました。それから私がその患者を

嫌っていて締め出したいと思っていると激しい怒りを私に表していきました。私はその患者をいつもと変わらずに迎えていましたが，その患者にはカーテンが閉じられていることは，私が彼女を嫌って締め出したがっているその確証と受け取られていたのでした。

このことをビオンは次のように言います。「投影変形の群では，分析家とのどんな関係とも遥かに隔たったできごとが，実際には，分析家のパーソナリティの側面として見なされる」（同上 CWB.5. p.152）。上述の例では，閉じられたカーテンは私というパーソナリティの「嫌悪」「憎しみ」という感情面を表していました。ビオンはフロイトに帰り，次のような説明をしました。

> 「心的機能の二原則」論文でフロイトは，環境を変えるために筋肉活動が為される段階と，思考能力が存在する段階を区別している。［前者が一次過程，後者が二次過程：筆者追記］。私は「行動」という用語で表現されるカテゴリーに，心が筋肉であるかのように活動し，筋肉は筋肉として活動することで，増加した刺激を心から除去できるという空想を含めることを提案する。投影同一化として知られているこの空想のクライン派概念を「行動」のカテゴリーに含める。……［フロイトの言う］第一を私は投影同一化に関連づけ，第二を硬直運動に関連づける。（同上 CWB.5. p.157-58）

思考が関与しているものが硬直運動変形です。一方「投影変形」では，こころが筋肉のように活動し環境を変え，それによって苦痛の除去をめざすのです。このこころの活動方法が，精神分析では「投影同一化」と称されているものであり，具体的な排出を行います。

d. 幻覚症における変形 Transformation in Hallucinosis

ここまでの変形は，すでに精神分析の世界では知られていた転移の性質でした。しかし，「幻覚症における変形」はそれとはまったく異なる，ビオンが初めて提示した性質の変形でした。その変形の背景には，後述する精神病者との分析経験が置かれています。ビオンは1950年代には，精神病者が表す転移をクラインが提出したコンセプトに添う視点から認識したのでしたが，もはやそれとは異なる独自の視点から転移をとらえます。

幻視に注目していたビオンは，精神病者の幻覚は，思考化できない未消化な事実/β要素を排出/原初的投影同一化で取り扱うとき，外界のものを「とり入れる」という感覚受容器官の機能を逆転させる，すなわち「排出する」ことでそれを成就されるその結果であることを想定しました。

> 精神病患者は語や文を表出できるので，彼が思考できると想定することは筋が通っているように見える。しかし，対象の不在において作業するために語や思考を操作するという意味での「考えること」はまさに患者ができないことと思える。……そのような患者が持っているのは記憶ではなく，未消化な諸事実である……破綻は，患者が自分のパーソナリティの諸部分をその発達と操作のために投影できると感じる対象を必要としている時に……その対象が不在でそれらを分裂排除できないと感じるなら，引き起こされる。
> （Bion, W. 1965 p.40-41）

幻覚症における変形の諸要素

ビオンは「幻覚症における変形」に認められる4つの要素を挙げていました。

4要素とは，すでに述べた「感覚受容器官機能の逆転」，原初的倫理衝動 primitive moral impulse が働いているための「優劣関係での競争」が生じること，その達成のために使用される「反転できる展望」reversible perspective と「誇張」hyperbole です。

それら4要素については，『精神分析体験：ビオンの宇宙』（松木 2009），『体系講義 対象関係論 下』（松木 2021b）の「ビオンの精神分析 中期」にいくらか詳しく記載しているので，それを参照されるとよいでしょう。

ここでビオンが示唆しているのは，表象が形成されていない，ゆえに象徴化は言うまでもなく，投影同一化による「投影変形」も起こらない，極めて原初水準のこころから発生する性質の転移です。

それは同じ原初水準のこころに注目していたウィニコットの表現を借りるとわかりやすくなるように思います。

ウィニコットは要約すると次のように言っています。

自我が未熟で未構造なままにあるとき，つまり自我がまだ恒久的に存在していないに近い原初的な心的状態のときに発生した外傷状況は，自我がその

外傷を経験していても認識できていないままに，つまり表象として記憶されていないままにこころに置かれている。それは「考えることのできない不安」，「破綻の怖れ」として感じられる。

それらの不安や怖れは，ビオンが「名前を欠くひどい恐怖」と呼んだ精神病の根底にある不安と同質と考えてよいでしょう（松木 2022）。こうした原初的な不安が含まれる転移の形態を，ビオンは「幻覚症における変形」とコンセプト化しました。

「幻覚症」の拡張

その後ビオンは，幻覚症での変形が普通に見られる現象であることを主張します。それは，紫外線や赤外線が光の成分として常在しているが，私たちは気づかず，ある特異な環境や道具で認識できることと同じです。ビオンは次のように述べました。

> 病理状態の誇張や平常な状態の誇張とさえ私は見なしていない。それは常に存在する状態であるが，それを覆う他の現象がかぶさっている状態と考えている。これらの他の要素を調節または一時停止できるなら，幻覚症を明らかにできる。（Bion, W. 1970 p.36）

e. ビオン自身のケースにおいて

この実例とその取り扱いはビオンが自身のケースを提示した1968年のブエノスアイレスでの講演に見ることができます（『ビオン イン ブエノスアイレス1968』第5章（2018a/202））。

症例は，それまで二度の精神分析を経験しており，分析室で暴力を振るい，暴言でビオンへの憎悪を喚き散らす，精神分析関係者の家庭の女性です。ビオンは「妄想性ヒステリー」，あるいは「境界精神病」と見立てました。以下にビオンの発言を引用します。

> 患者は，自分は尿路感染症を患っている，……私の解釈がどれほど正しいとしても，自分には感染症があり，退室する必要があると言いました。患者が戻ってきたとき，これは描写し難いことなのですが，まごついて不安げで，

明らかに何かに動揺していました。……私は……あなたは心的な動機のためにそれほどに切迫して出ていこうとする衝迫を感じたのだと思う，と言いました。……あなたはその瞬間にこの部屋で声を聴いていると私は思います……彼女は応じて，私が転移を理解しないなら，まさしく私についての彼女の意見であるということを私が理解できないなら，一体どうやって自分は困難に立ち向かえるのかと私に問いました。

　私は，自分が何にでも耐える愚か者のように，あるいは転移が何たるかを知らない精神分析家のようにふるまわねばならない境遇に身を委ねてきているわと答えました。……彼女は再び，彼女の行いは解釈を受けねばならないことに気づかないひどい分析家か，あらゆることを我慢するのを厭わない愚か者のいずれかの立場に私を置こうとしているのでした。

　総じて私はこう言いました。

　「今，私たちはある問題を検討できるでしょう。この部屋であなたに聴こえる声——この部屋で声を聴いたとあなたは最終的に認めたということを，あなたは心しておかねばなりません——は，実のところ，激しい口論に没頭している，大変な怒りの声なのだという意味で，です。さらに，そのようなことが起きていると私に伝えることにとどまらず，実のところ，あなたはそのようなやり方でふるまわねばならず，大騒ぎをしなくてはならないのです。」

　私は幾分驚きました。……そのとき，彼女が落ち着いてきたのがわかりました。そして彼女が次のように言うのを聴いて，私は自分の解釈が正しかったのだと思い始めました。「ほらね。もしあなたがすべき通りに私の分析をしていれば，何の問題もなかったのよ。」(Bion, W.1968a/2018. p.70-71)

　この中でビオンは，この女性が体験している幻覚を解釈しています。「あなたはその瞬間にこの部屋で声を聴いていると私は思います」，「今，私たちはある問題を検討できるでしょう。この部屋であなたに聴こえる声——この部屋で声を聴いたとあなたは最終的に認めたということを，あなたは心しておかねばなりません——は，実のところ，激しい口論に没頭している，大変な怒りの声なのだという意味で，です。」

　おそらく，どのようなケースにも普通に認められる「幻覚症での変形」を

認識したことで，ビオンは，フロイトが提示した転移というコンセプトに精神分析体験を収めることには限界があると感じたのではないかと思えます。

それは転移をないがしろにすることではあまりせん。実際ビオンは「Further Cogitations」において，分析理論を最小限にする必要性を述べ，6つを挙げていますが，その中にフロイトからの「エディプス」，「乳幼児性愛」，「快と苦痛の原則」に加えて「転移」を挙げています（Further Cogitations. 1968b. CWB vol.15. p.74）。ただ真実を体感することである，Oになることやat-one-ment（瞬間的な一体）の最重要性を明らかにしたビオンは，異なる認識から転移を見たようでした。

4．後期ビオンと転移（1965-）

1）概　要

後期ビオンは転移をよりダイナミックな移行的なものととらえるようになっています。転移性の結びつきは，直線的なものではなく，線的，面的に多様に変化し，「間にあるかけら the bit in between」としばしば表現するように，転移をOに至るための「つかの間のもの」，「移行」，「通路」と位置づけました。

この見解は転移を軽視しているものではありません。むしろハイマン以降「逆転移」と呼ばれている分析家のこころに生じる感情や思考は，転移の文脈に置くことで意義を初めて有することを述べたように，分析臨床での転移は重視されていました。ただそれは分析家の仕事の本質である「患者に患者自身が誰なのかを紹介する」ための，患者が自身の究極の現実・絶対的真実を知るための「通路」と見たのです。

2）再　考

ビオンは1967年の『再考』の解説で1950年代に実践し論文化した分析臨床を，その時点，つまり後期ビオンの視点から省みています。転移に関しては「統合失調症性思考の発達」1956年 CWB.6. p.87）での言及がありました。その論文ではビオンは転移を小項目として，次のように述べていました。（『再考』「解説」1967. CWB.6. p.191）。

分析家との関係では，早計で，唐突で，強烈に依存的である。患者が生と死の本能の圧力下でそれを拡張する際に，現象の二つの相伴った流れが顕在化する。第一は，分析家を対象とした投影同一化が過活動となり，その結果として，ローゼンフェルドが記述しているような苦痛な混乱状態が生じる。第二に，優位に立った衝動――それが生の本能であれ死の本能であれ――が，自らを表現しようとする精神活動やその他の活動は，一時的に従属的位置に立たされた衝動によって直ちに切断される，混乱状態から脱出したいという願望に駆り立てられ，切断に悩まされて，患者は制限された関係を元に戻そうと懸命になり，転移は再び，それに特有な特徴のなさを帯びる。(『再考』「統合失調症性思考の発達」(1956. Second Thoughts. p.37-38. 1967)

　この当時の論文では，統合失調症での転移をクラインの用語，投影同一化や生と死の本能，切断を使って解明しようと試みられていました。それは，文中にローゼンフェルドが引用されているように，ローゼンフェルドやスィーガルらとで共有された転移の描写でした。一方，1967年の後期ビオンは，概要で著わしたような転移についての見解を，自身の経験に基づいたコンセプトとことばで表現します。

　　この論文［「統合失調症性思考の発達」：筆者追記］で私は転移を，あたかも線状的結合――つまり，分析家と患者を結び合わせている幅のない線――であるかのように語っている。しかし今や私には，転移性結合が精神分析の緊張の中で絶えず変化していて，ある瞬間には線であり，次の瞬間には面へと変形するように見える。執拗だが希薄な線で繋がれている精神分析家は，突然，自分が「単分子からなる」表面や平面と接触していることを発見する。患者は精神分析家とまさにそうした接触を持ち，精神分析家は転移の中に自分の移り行く気分すべてが反映されていると気づく。……しかし，深み（あるいは，面的転移の厚み）はとてもわずかなものなので，こうした気分の質が識別できない。(『再考』「解説」1967. CWB.6. p.191)

3）逆転移を転移の文脈に置くこと

　ビオンは上述した転移理解を踏まえた見解から，転移と密接に関連する「逆転移」コンセプトへの認識や彼の技法を，ロサンジェルス精神分析協会

に招聘された1967年4月の一連のセミナーで披露しました。それは，逆転移での感情や思考を安易に一人歩きさせてしまわず，転移の文脈に収めることを怠らないという彼の考えです。しかし，それはクライニアンらしくないという印象をロサンジェルスの分析家たちに与えました。その一人の質問に彼は答えています。

> ギルマン博士：「ローゼンフェルド博士から私たちは聴いたのだが，彼は自分に侵入されている，投影されていると彼が感じるときはいつでも，（とても迅速に，大変早く）解釈する心構えがはっきりとあるようだった。あなたからは私たちは違う印象を受けている」
> ビオン：「……それが逆転移なら，このポイントは不適切です。なぜなら，関連あるポイントは患者の転移の解釈だからです。……心に留めておくべき，絶対に本質的だと私が思うのは，境遇がどうであろうと，個人病理，外的なできごとその他と関係があろうと，当然，患者の転移を解釈するはずだからです。……その意味で逆転移は重要でないと私は言いました。私たちが精神分析家なら，逆転移は不適切です。」（Wilfred Bion: Los Angeles Seminars and Supervision. 1967. First Seminar–12 April 1967）

この逆転移に関する見解は，翌年1968年のブエノスアイレスでのセミナーでもビオンはより明確に述べています。

> 精神分析セッションの中で「私たちが扱っているのは，次のような意味において逆転移より転移であるとの原則で，私は働きます。すなわち，意識的であると考えられる理由か，あるいは意識的であるべき理由によって，私のいら立ちは正当化されるという意味においてです。……精神分析には意識が関与するのだということ，分析は他のあらゆる仕事と同様に意識的な方法で実行される課題であるということ，そして分析家としての私たちの仕事の結果，必然的に私たちは偏見を持ちやすいことを理解しなくてはなりません。あらゆる種類の理由が無意識の重要性を支持しており，その結果私たちは，とりわけ分析中の分析家にとっては，意識がさらに重要であることを忘れがちです。（Bion in Buenos Aires. 1968a/2018. p.5–6）

先ほど紹介したビオン自身のケースプレゼンテーションにおいても，ビオ

ンが自分自身の中に生じた意識できる感情や思考を吟味しながら，転移の文脈に置いて解釈していることがわかります。ビオンは幻覚症について「分析自体では，私たちはそのもの自体を見る，感じる，直観することができるべきです」と言っています。

　ついでというわけではありませんが，逆転移についての1974年の見解も示しておきましょう。

> 逆転移は専門用語ですが，しばしば起こるように専門用語は，すり減らされ価値がなくなった使い古しのコインに変わります。……**逆転移に関する理論とは，分析家が抱いているとは知らないままに彼が患者に向けて抱いている転移関係なのです**……面接室の中で自分の逆転移は利用できません。それは用語の矛盾です。そのようにこの用語を使うことは，「逆転移」という言葉によってこれまで行われてきた作業に対する新しい用語を創案しなければないことを意味します。それは患者についての無意識的感情であり，それは無意識であるがゆえに，私たちができることは何もありません。（Brazilian Lectures 1974/1990, p.122）

4）転移の更なる推敲

　1970年代にもビオンは「転移」概念を推敲し続けました。転移は実用性にその価値があり，両者が利用できる「事実」であることを述べました。

　総括すれば，後期ビオンにとって「転移」とは，瞬時に直観される「もの自体」であり，患者のこころの究極的現実・絶対的真実と瞬間的に一体になるためにダイナミックに「移行」しているその「通路」で，精神分析的に認識される「間にあるかけら」the bit in between の結合です。それは「一時的」なものであり，「つかの間」のものなのです。

　転移についてのこの考えをビオンは各地のセミナーで述べていきました。

> 転移はつかの間のものです。それは，一時的です。セッションの始まりと終わりで同じではありません。セッションの始まりと終わりとは粗い区分です。（Bion in New York and São Paulo. 1980. São Paulo. 3. CWB.8 p.335）

精神分析的な見解に戻ると,「転移」や「逆転移」について語ることはとても役立ちます。あるいはウィニコットが言います「移行対象 transitory object」，それは移行です。何処かからどんなことへの通路，忘却から記憶喪失症への通路です。……「転移関係」や「逆転移」と言うことで埋められるだろう，間にある小さなかけらです。けれども私は，それは他のもので埋められねばならないと思います。なぜなら，これらの小さな中身は容易くは判別できないから，ある集団をジグザグに通り抜けてある考えを見つけられるでしょう。その考えが何処から来たのか，何処へ行くのか，私にはわかりません。けれども，それは通路に観察されるでしょう。ここが，あなたが分析の臨床や集団観察の実践に戻る場所なのです。(The Tavistock Seminar. Seminar 1. 1976. CWB9. p.10)

患者は何かについて話し続けますが，それを転移関係ということもできるでしょう。しかし，それをしっかりと固定するかもしれない二つのものが見失われています。その「間にあるかけら」だけがあります。それは，ある種の「純粋な」精神分析になり始めます。それは，その部屋に誰もいない転移に過ぎません。そして聴くにはあまりに退屈です。時が過ぎて，患者から何かを伝えられていることをあなたは認識するでしょう。しかし，見えたり聴いたりする事実では決してありません。あなたは患者について何も知りません。患者の私生活について何も知りません。どんな解釈をあなたはするのでしょうか。(Bion in New York and São Paulo. 1980. New York 1. CWB.8. p.248)

そして，転移は，ことばにできないものであるがゆえに，第三者とは分かち合い難いものであることも述べました。ビオンは次のように語っています。

転移の卓越した重要性は，精神分析実践での実用にある。転移は，アナライザンドと分析家による観察に利用できる。この点で転移はユニークである。それは強みでも弱みでもある。その強みは，なぜなら，二人は両者が利用できる「事実」を持つし，それゆえ両者による討論に開かれるからである。その弱みは，転移はことばにできないものであり，他の人たちによっては討論できないからである。この単純な事実を認識することの失敗は混乱をもた

らす。(Cogitations. 1971. CWB11. p.325)

さらに言いました。

> ……フロイトが「転移」ということばを使ったとき，何を意味していたか。フロイトはことばを発明しただけではありません。それについて話すために名づけることを必要としているもの自体があると彼は確信しました。……精神分析について話したいとき，このことば「転移」を使うことは役立ちます。しかし，分析自体では，私たちはそのもの自体を見る，感じる，直観することができるべきです。私は，何が何と関係しているかを無視します。この「間にあるかけら」に注意を集めるためです。その結合が「転移」です。(Brazilian Lectures 1974 Rio de Janeiro 2. CWB.7. p.85)

ここで本書の第1部を終わり，第2部に向かいましょう。

第 2 部
私的な転移論：転移の要素

第1章　転移現象を考える

　構成としてはいささか異形なようでもありますが，転移を語るために，最初に「現象の3要素」を提示し，続いて「本質」に触れます。それから臨床実践に不可欠な「精神分析過程」を提示することにしました。

1．転移現象の3要素

　転移の現象は，次の3要素から構成されると私は考えています（松木 2015, 2017）。

1. 転移現象の起源はその患者/クライエントの思考にある。その思考は，患者の人生の核（複数形）を築き，方向づけしているものである[註1]。

註1）注意が必要と思われるが，ここで述べている「思考」thought(s) とは，私たちが大人の日常会話で使い，「考え」idea と変換可能な「前概念」，「概念」や「コンセプト」の範囲に限定されているのではない。ここでの「思考」は，ビオンが「グリッド」に示した広い範囲に及ぶ。
　すなわち，外界の「もの自体」である β 要素（Grid; A）を視野に入れた，思考の原初形である「α 要素」（B），それより成熟した視覚像，象徴，物語り，行為からなる「夢思考・夢・神話」水準の思考（C），さらに成熟を重ねた，一般に思考ととらえられる「前概念」（D），「概念」（E），「コンセプト」（F）と進み，そこから成熟して抽象化を高めた，「科学的演繹システム」（G），「代数計算式」（H）に至るまでの範囲の思考を含む。このように思考の範囲を広く取るのは，退行や乳幼児心性の発現が起こる精神分析臨床で私たちが取り扱うのは，「β 要素」（A）から，ほぼ「コンセプト」（F）までの思考であるからである。
　日本語では思考は，「思考する」と動詞形にも含まれるが，「思考する」は think もしくは thinking で，思考 thought とは区別される。「思考すること/考えること」と「思考」の関係は，コンテイナーとコンテインドの相互作用的ダイナミックな関係にあり，ビオンによれば，「考えること」から「思考」を生み成長させるのではなく，そもそもアプリオリに存在している「思考」が「考えること」を機能するように促す。それは，胎児/新生児が妊娠している，出産した女性を母親として機能するようにうながすことに近似する。思考については，後に本文でも述べている。また詳しくは，『精神分析体験：ビオンの宇宙』，『パーソナル精神分析事典』，『体系講義 対象関係論』を参照のこと。

2．転移現象は，その思考が面接室内に実在化 actualization されたものである。
3．その実在化は3現象領域に発生する。すなわち，分析家という人物，面接室という空間，分析家のこころ/内的空間である。

続いて「転移の本質」を文章化して述べてみます。

2．転移の本質

転移は，患者/クライエントの自我や自己を主体として現れるものではありません。転移は分析設定の中に，まとまった，あるいは断片的な物語りnarrative を構成するひとまとまりの包括的な現象 a whole phenomenon として<u>自生的に現れ</u>，その中にその人物と治療者を収めます。そのとき，患者も治療者もその方向づけを握る主体として在るのではなく，その全体的な現象が展開するその一部として置かれています。

分析の場に自生的に現れる現象としての転移の起源は，その患者における内的欲動とその充足に関わる重要な外的対象との諸経験の主観的感知に基づきますが，感知された感覚印象の内在化にあたり，それらは必然的に思考化されます。すなわち，転移は思考です。ただしそれは，原初的な非表象水準のそれを含む思考であり，視覚像がその要になります。

3．精神分析過程

治療者は，患者/クライエントの人生の核を築いている思考に起源を持つ転移が，自生的に面接室に実在化するのを妨げることなく，かつ，分析患者にとっての真実―ヌーメノン noumenon―が実在化した転移現象 phenomenon の中に，分析家その人としてではなく，転移対象として存在していることが求められます（松木 2018）。

その分析過程を通っていくとき，患者の思考は変形され，内的諸対象関係を含むそのオリジナルな情景 scene として面接室内に，聴覚性や嗅覚性，触覚性を含むこともありますが，主に視覚化されます。それは後に述べるよう

に，起源的思考の成熟度によって，断片的な諸画像 pictorial images，幻覚の形態であることも，動画的に劇化/ドラマタイゼーションされることもあるものです。

　そこでもし，治療者が転移対象そのものとして居るだけであれば，その転移現象は起源的思考の行為的「反復強迫」でほぼ終わってしまいます。それは主体にとって本質的に「惨事」になるでしょう。

　しかしそこにおいて，治療者がオブザベーション[註2]，つまり，転移現象の「注意/注目と解釈」をできるのなら，行為的「反復強迫」でありえた転移現象から「新たな思考」brain child が生まれます。すなわち，分析家と患者に「反復強迫」されている行為（β要素，α要素，初期C水準の思考にあたるもの）が，患者の洞察によって，あるいは治療者の解釈を通して，成熟した新しい思考（成熟したC水準思考や「前概念」）に変形され，それがさらに新たに「概念」化され，患者のこころに置かれようとするのです。

　その新しい思考が患者のこころの真実であるなら，それは，飽和され閉鎖システム化していた患者のこころに深い亀裂を作り，未飽和に至らしめ，その思考を収めるか拒絶するかの選択を既成のこころに迫ります。それはこころの破綻や解体という「破局」の切迫であり，ただ描写的に「ターニングポイント」と呼ばれるようななまやさしい局面ではないように私は思います。この過程は，患者の意図にも治療者の意図にも従わず，これからどのように展開していくのか，その場の二人はまったく見通せないプロセスです。「破綻」や「崩壊」の怖れが切迫してくるのです。その過程は，転移体験を共に生きるときに生じる破局的な事態を両者が生きていくことです。

　何処に向かうのか，どうなるのかわからない破局的転移体験を見通せないままに生き続けていくそのあるとき，分析場面に実在化している真実がその二人のどちらかに直観され，「思考化」され，解釈あるいは洞察として言語化されます。そのとき，真実を含む転移体験は，視覚像から思考に変形され

[註2] 英語のobserveには，「観察する」だけでなく「観察して述べる」という意味が含まれる。observationの後者の意味を精神分析というところから正確に表わすなら，「観察と解釈」となる。その観察は精神分析においては「平等に漂う注意」によってなされるだろう。メルツァーは『クライン派の発展』(1978)の中で著書名『Attention and Interpretation』にある表現が本文に出てこないといぶかるが，ビオンが著書を「注意/注目と解釈」と名づけた背景にはこうした見解があったと筆者は考えている。

表1 精神分析過程

転移過程の始動
↓
転移の進展
↓
新しい真実の感知に基づく破局経験の切迫と出現；飽和から未飽和の状態へ
↓
解釈・洞察を通して新しい真実を内包したこころの飽和化
（その後，破局と飽和化は反復される）

ています。そこで「知らない」私たちは「知る」のです。

　このようにして，終局的には「精神分析過程」は，のちに真実と認識される思考それ自体の実在化が導く過程として進展します。

　そこにおいて二人が精神分析場面に生じている破局から破綻や解体を来さず，その新しい思考がこころに収められるなら，それは「突破」break through であり，新しい思考が収められるゆえの，こころ全体の「変形」が生じます。ビオンが「破局的変化」と呼んだ所以です（Bion, W. 1966, 1970, 1975）。

　こころの真の変化は，村上春樹が「……完全に自分が分子として分解しないことには壁はぬけられません。……そのとき人は一度自分の組成をすっかり壊さなくちゃいけない」（村上「村上春樹インタビュー集 1997-2011」2012）と言うように，ほんとうの心的変化に際して，ある種，破局的な経験が発生するのも避けられないものです。新しい考えが患者の飽和された閉鎖システムとして均衡を保っていたこころ/パーソナリティに収められその一部となるためには，この「攪乱」は避けられないように思われます。

　精神分析過程では，この経過が繰り返され，患者のこころの変形は進みます（表1参照）。

　ここで私が述べておきたいのは，その破局は必ずしも患者だけが経験するものではなく，治療者と患者の両者，あるいは患者は経験していないが治療者のみが経験することもあるとのことです。これからそうした臨床ヴィネットを示してみましょう。

臨床ヴィネット1

　自殺企図を繰り返す重い抑うつ状態で電気ショック療法でも改善せず，私に紹介され精神分析に導入した女性でした。精神分析のある時期に，彼女も，そして私も破局的な感情を経験しました。それは彼女にはこころの大きな変化を伴っていました。私には彼女のこころの真実を実感するものでした。

　分析過程では私に向けられた陽性転移と陰性転移が交互に現れ，そのワークスルーが続けられていきました。

　そして，ある年の精神分析夏期休暇明けにその女性は硬い表情で現れ，手の甲に無数に作った傷を私に見せ，自傷でこころの苦しさを紛らわせていると語りました。それから彼女は，「分析を受け入れます」と言う一方，「分析が苦しい」と私へのアンビバレンスを顕わにしたのでした。分析での私に笑顔が見られなかったために死にたくなったと彼女は訴えました。その一方，私に笑顔があると私が無理していないかと不安でたまらないとも語りました。

　それから間もない300回目に近いセッションで彼女は何か憑りつかれたかのように話し続けました。私はほとんど介入しませんでした。その翌日のセッションで彼女は，「昨日は手術を受けた。こころの奥底の物をひっくり返す体験だった」と振り返りました。彼女は破局を体験していました。

　彼女は語ったのですが，母親は，加えて私も，彼女が敬愛する厳格な神その人ではなく，母親はかよわい一人の女性であり，私は弱点を持つ治療者であるという考えを彼女はこころに収めたのでした。それは彼女には，まさにコペルニクス的転回なのでした。この過程で私は，彼女は負の感情を排出する母親対象を呑み込み，その対象と同一化した自己部分によって幼い自己部分を責めることでみずからをうつにしてきたという，彼女が苦しんだ抑うつの起源となる内的力動を伝えました。彼女も傷ついた自己を他者に投影していたことに気づき，それを自分に戻していきました。

　前述の分析セッションからしばらくして四回目の強烈な陰性転移が開花しました。

　解釈で私が使った「温室の花」ということばに傷つけられたと彼女は激しい怒りを私に噴出させました。そのセッションに彼女は化粧も笑顔もまったくなく現れ，「今日は言うことを言って，その後死のうと思っている。先生への報復です」と強張った表情で告げました。この分析の後，住んでいるマ

ンションの屋上から飛び降りて死ぬ。その自分の遺体に私を跪かせてやると彼女は私を脅し，憤然として帰りました。面接室に残された私は激しい恐怖を感じました。

　思い浮かべたいわけではまったくないのにもかかわらず，飛び降りて死体となっている彼女を私は思い浮かべていました。そして，彼女の家族や社会のあらゆる人たちから非難を浴びる自分自身と精神分析を想像しました。私こそが破局の感覚にいました。もはやその恐怖から逃れられませんでした。この危機状況ゆえに，火急な事態として彼女の父親に連絡を取ることは正しい判断のように思えました。同時にこの経験は，彼女の憎しみと苦痛がどんなに強いものかを私に伝えているとも知りました。私は真摯に事態を振り返り考えをめぐらし，父親への連絡は取らず，この破局的恐怖に留まることを決意しました。

　二日後の分析セッションに彼女はやってきました。

　切迫していた死にたい気持ちを抑えるために彼女はみずから父親に連絡を取り，父親が彼女のところに来てくれ彼女に関わってくれたとのことでした。もはや彼女は自殺という形で自分自身に攻撃的感情，憎しみを向けるのではなく，私に向けることができました。彼女は「先生はお金のために，私に会っている。自分の達成のために患者を利用している」と私を激しく非難しました。

　私は次のように応じました。〈あなたは，自分自身のために私に会いに来ることが必要なのかと今こそ考え始めています。あなたは精神分析を続けることもできれば，やめることもできます〉と伝えました。険しい表情で彼女は「先生はいいですね。健康だから。……私は病気を治さないといけないから，分析をやめられない。でも，本当は来たくないんです」と語り，激しく泣きました。深い悲しみがそこに感じられました。

臨床ヴィネット2
　三十代半ばの既婚男性は私との精神分析セッションを持っていました。開始後すぐに彼が大変困難な環境を生きてきた人であることが判明すると同時に，心的な重い負荷を背負い続けていることも見えてきました。始まると彼は私を著しく理想化し，その私とのつながりに満足を味わうとともに，私が

彼の貪欲なわがままを憎み，彼に失望し，彼を見捨てることを強く怖れました。

　幼い彼は母親に甘えて抱きついたとき，その勢いから母親が倒れ顔に怪我を負わせてしまいました。そのとき母親に憎しみに満ちた表情を向けられたというエピソードに象徴される，陰性の母親転移の文脈でこれらの転移に私が対応することで，私への彼の理想化としがみつきはゆっくりながら軽減されるとともに，彼は一進一退ながらも，自分の家庭をもつひとりの男性として，みずからの選ぶ道を歩んでいく過程に入っていっているようでした。実際，彼を取り巻く環境はより安定してきたようであり，実生活で彼を支えてくれる人たちも少なからずいてくれるのは明らかでした。

　分析開始後1年を少し過ぎた頃，こころの安定の綻びは彼の職業生活から出現しました。彼がかかわっていた女性が死んでしまうという一つの出来事が発端でしたが，彼には大失敗としか思えない，仕事上の出来事が次々に彼のこころに浮かび上がってきました。仕事で取り返しのつかない大失敗を実はしており，そのため恨まれ告訴され，社会から追放されるのではないかと激しく怯えました。それらに彼は強迫的に緻密な対処を試み，それに膨大な時間と体力を使い，もはや心身ともに消耗しきっていきました。

　それでも，彼の行為にある不備が恨まれ，憎まれ，告訴されるという迫害的な不安は彼を圧倒し続け，もはや誰も知らない過疎地に避難するという空想で彼は逃げ切ろうとしました。それは彼が子どもの頃から使っていたやり方でした。しかし，それがもはや機能しないこともわからないわけにはいかないことでした。もはや破滅しかないと彼は感じました。そして私との間でも，強烈な怖れと怯えを表し，無力に圧倒されている姿を露わにしました。もはや彼にはどうすることもどのように考えることもできないのでした。破局でした。

　この状況に至ったとき私は，これまで母親の理想と要求に大変忠実に従って人生を組み立て生きてきた彼が，自分自身を生きるために通り過ぎねばならない，既成の思考体系・信念の崩壊を体験するという危機的様相の表出であろうと考え，やはり陰性の母親転移の文脈で彼に介入していきました。実際に彼が恨まれ告訴されると怖れるのは，母親を表す年配女性たちでした。こうした彼に起こっている状況についての私の解釈，そして私との間での彼

の恐怖の解釈を彼は理解しましたが，状況はますます切迫し，彼はさらに消耗していきました。

しばらくはこの暗闇での手探りは続くと予想していたものの，先の明かりが見えないままに彼の迫害不安が軽減されるどころかどんどん膨大していくようであることに，私は内心少しずつ不安を高めていきました。それは一月を越え，二月，三月と続きました。それでも，収まる兆しはまったくありません。面接場面では，彼は涙を流し，ときに呆然とし，多くは怯えきっている様子を見せました。そんな彼を，もう無能な人物と私が見限って見捨ててしまうことを彼は怖れるとともに，自身をそうした駄目な人間であるのだと同定し攻撃しました。

こうした中で彼の強烈な破局的恐怖に対応しながらも，私自身の不安の根拠に私の眼が向きました。それは，事実として彼が精神病を発症する高い資質を持っていることでした。そうであるなら，彼はある日私の前で精神病を露わにします。それはこれから始めるセッションであるかもしれません。

私はいつのまにか，かつてセッションの中で精神病性昏迷に陥ったある青年を思い浮かべていたり，急性破綻をきたした姿で現れてきた彼を空想していたりと，それはまるで今にも起こりうることとして，私の中に衝迫してきていました。またそれゆえに一方で私は，これまでの経過の中でアセスメントした彼の心的機能の健全さからの保証をつかもうという気持ちにもなりました。明らかに私は彼の発狂を怖れていました。それは，私に破局が迫っていることでした。私は，社会で高度に機能していた健全な人を発狂させてしまう人物になります。

私たち二人は，足元の薄いアイスプレートが割れるとともに陥落してしまうのでしょうか。このまま精神分析を続けてよいのでしょうか。毎回の面接の空気は，大変に重くて鈍い緊迫に満ちていました。

彼は沈黙がちになっていきました。「もう，どうにもなりません」，「すべては失われてしまいます」と，破局の中での絶望に彼は陥っていました。「限界です。もう身体が持ちません」とも彼はたびたび訴えました。実際，相変わらず職場ではあらゆることに強烈な不安を抱き，強迫的確認を必死で続け極度に疲弊していました。そこには最終的な破局，すなわち彼が完全に潰れてしまい無力・無為の状態に陥るか，あるいは私の想像でのもっと悪い

ことに，火急な精神病性の回復不能な破綻を来すことが待ち受けているだけに思えました。

　ふたりにとって緊迫した日々はさらに続いていましたが，彼は休むことも遅刻することもなく，私とのセッションに通ってきました。彼には，私とのつながりこそが支えであることも確かでした。そして実生活では彼は仕事を休みませんでした。彼の心身ともに疲弊している様子は極めて明白でしたので，妻や妻の両親，職場での先輩らが彼を心配し気配りをしてくれているようでした。彼はそれらに気づいてはいましたが，彼の不安は収まる様子は見せません。

　そして７カ月目になって彼は彼がどれだけ窮地に陥って破滅しそうでも，彼と一緒にいてくれる人たちがいることを改めて認識し，やる気が戻ってきたと語るようになり，破局は終焉してきた様子を見せました。しかしその回復の兆しは二週間ほどで消えてしまいました。再び彼は，仕事での不備を弾劾され，ひどい懲罰を受ける空想をそれが今起こっているかのように怖れ，また精神病を発病してしまうことに怯え，圧倒されました。彼は前よりひどい恐怖を抱き，再び破局の中に戻りました。

　この状況が発生した頃，私はこれまでの経験から，この破局の事態に私が持ちこたえるなら，その中で彼の中の新たな何かの動きが始まるだろうとそれとはなく予測し，私がこの状況に持ちこたえ続けることが必要かつ有意義な私の仕事の一つであると考えていました。また，おもに転移解釈によって彼が自分自身の事実に気がつくことが，新たな何かの動きが始まることを促進させるという私のもうひとつの有意義な仕事であるとも考えていました。そしてそれを実行してきました。

　しかしながら，現実には彼の破局体験は実質的に途切れることなく続いており，彼は不安に圧倒され続け，そこから新しい何かが本格的に芽生える兆しはありませんでした。私の予測が外れていることを私は自分自身に認めないわけにはいきませんでした。明らかなのは，私の力が及ぶところからは予測が持てない事態に自分が今いることを認めることです。この状況は私の破局でもありました。どこに私たちが行き着くのか，私にはまったくわかりません。怖ろしいことになりました。今や私は彼に迫害されているのでしょうか。

彼が私にすっかりおんぶされそれによって安心したいのは確かです。そして，私がちょっとしかおんぶしてくれず，すぐに彼を降ろしてしまうと彼は感じていました。彼は分析セッションの頻度を増やすことを求めていましたが，私は応じていませんでした。当時私には，誰の求めであろうとセッション枠を新たに作ることは，私自身の負担が大きくなりすぎて過労による身体的な危機に至るという認識がありました。

　私はまったく行き詰っていました。私にできること，私のすることは，精神分析の構造と方法を維持し，何が起ころうとも精神分析の視座からそれを見ることでした。しかしながら，そうは言っても，この分析の行く末について私に強い恐怖があることは確かで，それは持ちこたえておくしかないものでした。

　こうしてさらに月日が重なりました。この間にも彼の羨望の破壊性が顕わになり，それが彼に認識されることもありましたが，行き詰った絶望的な事態は変わらないままでした。もはや一年以上に及んで彼は破局の中でした。そうしたとき，彼は分析に来ることで，何とか収めていた不安が顕わに認識されるようになって，その不安に著しく苛まれるその苦しさや恐怖ゆえに分析に来たくない気持ちを抱いていることを少しだけ語りました。こうして彼をそれでも分析に通わせる私に怒りを感じ，その怒りを私との間で顕わにしていきました。

　それは小さな変化でした。ただ，これまで圧倒的な存在と力から攻撃され，それらに圧倒されて怯えるだけでしかなかった彼が私を攻撃することをわずかだけしているのでした。

　そうした日々の冬のある寒い早朝，分析のためにタクシーを利用した彼に，その運転手の男性が「いつものところでいいですか」と穏やかに声をかけてくれたことに，その日のセッションで触れ，「自分を見てくれている人がいることを知った。暖かみを感じてうれしかった」と語りました。彼を見守り支える大人の男性を彼は知ったようでした。彼の父親はかつて職業運転手をしていました。

　重い空気が漂う分析の中では彼は変わらず，恨みや告訴で迫害してくる新たな懲罰対象に圧倒され破滅を怖れ，ひどく疲弊していました。しかし，彼はそれらの対象への怒りを少し口にし始めました。そして彼は幻滅を，やは

り少しずつ意識し始めました。私が彼の望む理想的な人物ではないという現実を，怒りを感じながらも認めていきました。彼は観察した私について考えられるようになったのでした。

そこには万能的な私が理想的な彼を認めるという理想化された関係への切望があったのです。この切望が現実化しないとき，私はひどく傷つき，彼はその罪を背負い残虐に懲罰されるのです。この空想が無意識から意識に浮かび上がってきました。彼はこの万能空想を捨てられないと言いました。しかしながらその口調にはもはや彼が理想とする対象はいないことが認識されているのは明らかでした。そこには哀しみがありました。

どうやら，ふたりは破局を生き延びたようでした。彼の着ていた理想の服はずたずたでよれよれになり，しかしその下に普段着がちらりと見え始めました。私の新品の服もすっかり古着になっていました。でもそれは十分に着られるものでした。

第2章　転移を構成するもの：行為，物語り性，象徴

　第1部で述べてきましたように，およそ120年に及ぶ精神分析史において，転移は理論でも臨床実践でもその重要さが認められ，探求され続けてきました。その中で徐々に認識されてきたのは，転移は言語化されるよりもむしろ行為として現れ，その多くは物語り性を成している視覚的な画像として認識されることです。そして，そこに現れている表象が象徴として機能していることが転移解釈を有効にすることです。

　このように転移は，患者の語るその内容そのものだけでなく，分析場面での「行為」によって構成されます[註1]。その光景の目撃から，転移場面や分析家のこころの中に浮かび上がる「視覚像」，その語りや動画的展開，それは劇化とも言われてきましたが，「物語り性」，そして多重な意味を収める「象徴性」なのです。

　そして，これらの構成要素の発見に貢献したのも，やはりフロイトでした。

註1) 言語によるコミュニケーション以外で伝達される，行為を含むコミュニケーションを精神分析では「アクティング・イン」，「アクティング・アウト（行動化）」，「エナクトメント」等と概念化してきた。ビオンはそれを「ラテラル・コミュニケーション」lateral communication (Bion, W. 1966) と呼んでいる。「ラテラル」は側面や水平という意味のことばであり，ラテラル・コミュニケーションはある集団で共同作業や共通目的のために人々が情報や感情を分かち合うときになされる質のそれを指しているが，鳥や魚の群れが一斉に方向転換したり，蟻の群れが役割分担して作業を行うときに働いている，おそらくきわめて原初的な特異な伝達も意味する。ビオンはその意味を考慮して，限局的な「アクティング・イン」や「エナクトメント」を使わず，「ラテラル・コミュニケーション」を使ったのだろう。39頁の註も参照のこと。

1．フロイトの体験：ヒステリー・夢・転移

1）ヒステリーの精神分析と転移の再発見

　すでに述べましたように，臨床概念としての「転移」をフロイトが提示したのは，1905年に発表した論文「あるヒステリー患者の分析の断片」(1905)でした。

　18歳の女性ドラの「私がここへ来るのは今日が最後です」という一方的な終了宣言で終わった精神分析は，1900年12月31日に3カ月間で中断しました。この年は，大著『夢解釈』The Interpretation of Dreams をフロイトが出版した年でもありました。実際フロイトは翌年1901年にこのケースを素材に，夢解釈の臨床編と言えるこの論文を作成していました。その論題は「夢とヒステリー」とされていたのです。

　その内容は，題名の示唆するとおり，『夢解釈』においてフロイトが見出した夢の構造と機能[註2]がヒステリーの症状にあてはまることの例証でした。

　ある人が見た夢について，その人が想起して語る顕在夢から無意識的潜在内容（夢思考）を解釈することで潜在内容をはっきり意識化させることと同じように，患者のヒステリー症状の無意識的な起源を再構成し，それを解釈として患者に伝えることで，無意識の欲動や葛藤が意識化され症状は消失します。すなわち，夢解釈の臨床版です。

　このようにフロイトは，夢とヒステリー症状に現象として共通なものを少なくとも2つ見出していました。

　一つは象徴の活動です。もう一つは物語り性 narrative です。夢が奇想天外であろうとあるまいと，「物語り」をなしていることは述べるまでもあり

[註2] 夢の構造と機能をごく簡略に述べるなら次のようである。「意識化された顕在夢」manifest dream contents は，無意識過程である「潜在内容（夢思考）」を含んでいる。「夢思考」dream thoughts は抑圧された願望を含むため，その意識化に対して検閲が入る。意識化に際しては，移動・圧縮・劇化・象徴化等の変形［後の防衛機制］が加えられ，「顕在夢」となる。フロイトにとって願望を含む思考を隠蔽するこの過程が「夢作業」dream work である。後にビオンは「夢作業α」——のちに「α機能」と変名するが——で，外界を知覚して得た「感覚印象」を原初的な思考（すなわち，α要素）に変える，すなわち外界の事物を思考に変形するという，こころが機能できるために不可欠な生産的な機能を提示した。ビオンは夢思考の抑圧された側面よりも，思考の生成という側面に焦点を当てた。それは，夢に関するフロイトの考えとは対照的と言える。

ません。ヒステリーのそれについては，1905年論文の序章「予備的見解」に次の一文を見ることができます。

> この種のケース・ヒストリーを神経症の精神病理への貢献としてではなく，（不快ながら）私的な楽しみのための実話小説として読みたがる医師が――少なくともこの街には――多くいることを私は認識している。(Freud, S. 1905 SE7 p. 9)。

この一文が示すのは，フロイトが嫌悪する多くの医師のみならず，フロイト自身もヒステリー患者の話す人生が，物語を語っているようであることを知っていることです。この事実は，『ヒステリー研究』(Breuer, J. and Freud, S. 1895 SE2) ですでに認識されていました。

しかし，前述の「夢とヒステリー」は出版されなかったのでした。それのみならず，フロイトの筆は著しく鈍ります。1901年に夢に関する一つの論文と『日常生活の精神病理』が出版されますが，おそらくこれらは1901年以前にほぼ書かれていたものでしょう。1902年と1903年には出版物はなく，1904年も「フロイトの精神分析手法」Freud's Psychoanalytic Procedure という百科事典に依頼された短い文章のみでした。

この約4年間の沈黙ののち，1905年には堰を切ったように，「性愛理論に関する3エッセイ」等4論文が出版されます。その一つが装いを変えたドラ・ケース論文でした。

何があったのでしょうか。ドラの突然の精神分析終了宣言という臨床経験が，フロイトを深く考え込ませたのでしょう。

ドラによる分析の一方的な終結宣言は，症状保持のための衝動と残酷な復讐の動機に基づいており，患者が自分という人物を通じてその医師の無力さや無能さを例証することは，ヒステリー患者にとって効果の大きい報復である，とフロイトは受けとめるに至りました（Freud, S. SE7 p. 9）。ゆえに，治療終了15カ月後にドラは分析再開を求めてフロイトを訪れていますが，フロイトは冷淡に断りました。

そこからフロイトはさらに考えたに違いありません。そして，精神分析臨床での「転移」を再発見したのでした。

フロイトの理解はこの4年間にどのように変わったのでしょうか。それをドラの第一の夢から見てみましょう。

「第1の夢：火事と宝石箱」
家の中が燃えています。父が私のベッドの前に立ち，私を起こします。私は手早く衣服を身に着けます。ママはまだ自分の宝石箱を持ち出そうとしていますが，パパは『お前のために，私と2人の子どもが焼死するのはごめんだ』と言います。私たちは急いで階下に降り，家の外へ出たとたんに目が覚めました。（Fragment of an Analysis of a Case of Hysteria. SE7 p. 64）

そもそものフロイトの解読は次のようでした。無意識の欲動の意識化を目指した発生的解釈です。

フロイトは夢で把握した，抑圧された願望を含む無意識の潜在内容（夢思考）に検閲や象徴による加工が入り顕在夢を形成するとの見解に基づき，患者の症状の起源を抑圧された欲動や思考ととらえ，象徴を解読し，それを構成し，解釈として投与しました。

すなわち，その解釈では，症状発生の起源であり，無意識に抑圧されている，ドラの小児期の父親の性的誘惑による性愛興奮に基づいたマスターベーションとその禁止が再構成されています。ちなみに，火事の火は水の逆転で性的興奮による夜尿を表象し，宝石箱は女性性器を象徴しています。

そしてかなり時間をかけて，転移性の解釈がフロイトに認識されます。小児期の父親，そしてドラに性的な外傷体験をもたらしたK氏のように，精神分析という設定の中でドラの性欲を取り上げる成人男性であるフロイトが，かつての父親やK氏のようにドラを性的に誘惑し，今まさにその危機にあるとドラに切迫した思いが生じている，と。

フロイトは「転移神経症」が生じていることを認識するとともに，面接場面に生じているその「転移現象」，分析場面の今ここに行為として発生している物語りを取り扱うことこそが，こころの無意識部分を意識化するまさにその機会であることを知りました。

すなわち，ヒステリーと夢と転移現象（転移神経症）は，こころの意識部分と無意識部分の関係において同じ構造をもつのです。ですから夢を象徴解読するように，ヒステリー症状を，その患者の転移神経症を，すなわち面接

場面での象徴と物語りを解読することで、無意識を意識化でき、それが治癒につながるとの理解に至ったのでした。

　こうしてそれ以降、精神分析は「転移の分析」を重視するようになりました。その結果ヒステリーの治療法だった精神分析は、転移を起こす他の心因性の精神疾患（恐怖症、強迫神経症）の治療にも広く使用できるようになったのです。転移の臨床的な意義の発見こそが、治療法としての精神分析の適応拡大をもたらしました。この技法の開発は、ヒステリーへの催眠療法を除いて心因性精神疾患への治療法が皆無であった当時の臨床現場では画期的なことでした。

2）ヒステリー・夢・転移現象

　ヒステリーの精神分析、夢分析と、それを通した自己分析を実践していたこの期間にフロイトが体験していたもう一つのことがありました。それは1887年に始まっていた、年上の耳鼻科医フリースとの頻繁な文通、いわゆる「フリース体験」です。最終的には1904年7月27日で終わりを迎えました。それはフロイトのフリースへの「父親転移」の「行動化」でした。転移の行為による表現でした[註3]。

　1900年を前後してフロイトは、ヒステリーの精神分析、夢解釈、自己分析、フリース体験という父親転移を同時にしており、それらが1905年のドラ論文で転移を中軸に置いて初めて繋がりました。

　こうしておわかりのように、ヒステリーと夢と転移現象は、こころの意識部分と無意識部分の関係やダイナミクスにおいて同じ構成から成ります。すなわち無意識の意識化は、同じ構成から成る夢を、ヒステリーを、転移を解読することで達成されます。それらに共通しているのは、行為、物語り性、

註3)「転移」の臨床的な意義の発見という誰にもできなかったことを何故フロイトが成し遂げたのか。フロイトの発見後もまわりの精神分析関係者、たとえばアドラーやユングはなかなか理解できなかったことを、どうしてフロイトはなし遂げることができたのか。一つの答はここにあるだろう。フロイトは、夢分析やフリース体験を通して「自己分析（1897～）」を続けていた。当時はまだ訓練分析は導入されていなかった。しかしながらフロイトが無意識にフリースを父親対象としながら実践し続けていた自己分析は、フロイトが精神分析家になるための訓練分析を意味し、持続的な自己分析の実践はまわりの精神分析関係者とは決定的に異なっていた。そして、この経験によって精神分析が達成するものは、現実原則に基づく二次過程の強化、すなわち現実がもたらす苦痛に持ちこたえる力であることに気づいていた。

象徴使用，そしてヒステリーの身体転換症状や夢見，転移神経症性のふるまいのように視覚に訴えること（視覚像，画像）です。

3）視覚像

転移はただ聴かれるものではなく，観察されるものなのです。その観察の対象には，「語られることば」や語り方も含まれます。

若かりし頃のフロイトには，留学先での神経科医師シャルコー（Charcot, M. 1825-1893）からの学びがありました。「事実が語りかけてくるまで，繰り返し，繰り返し，事実を見つめなさい」が，新たな神経疾患を多く見出したシャルコーの箴言でした。フロイトはシャルコーの臨床姿勢に忠実でした。ヒステリーは見せる病であり，夢は見ないでおれないものなのです。

「傾聴する」ことが心理面接の基本とされますし，精神分析に関しても，平等に漂う注意をもって聴くとされているように，常に力点は聴くことに置かれてきました。しかしながら，重要なことは，面接室の中に発生している現象を平等に漂う注意をもって見聞きすることなのです。転移現象の本質をつかむために見ることは必須であり，そうした視覚像こそがヒステリー，夢，転移現象の構成要素に挙げられるものです。

この視覚像という特徴は，ここで注目するに値するものと私は考えます。観察から得られる視覚像は，述べてきたようにシャルコーによって最重要視されていたことですし，フロイトはそれを引き継いでいました。そのことを認識していた次の人物がビオンです。そしてビオンはその視覚像の分析臨床的な意義を大きく拡大しました。

2．ビオンの臨床姿勢から浮かび上がるもの：観察，内的視覚像

1）論文「精神病パーソナリティの非精神病パーソナリティからの識別」から

ビオンは，1957年に国際精神分析誌に発表した論文「精神病パーソナリティの非精神病パーソナリティからの識別」において，次のように記述しています。

この患者は統合失調症，もしくは精神病という診断がなされています。ただし，精神分析のために個人オフィスに通うことができる水準にあります。セッションは，その男性が一度も休むことなく6年間通ってきた経過を経て持たれています。ここからは引用です。

> その朝，彼は15分遅れてやってきて，カウチに寝た。彼はしばらく体を左右に動かし，見た目には居心地をよくしようとしているようだった。……中略……患者がカウチの上で体を動かしていた時，私は，馴染みになっていたものを観察していた。
>
> 5年前に医者から脱腸の手術を勧められていたことを彼が説明したことがあったが，脱腸による不快さがこうした体の調整を強いていると推定してもよさそうだった。しかしながら，脱腸や，身体的な快適さを増す合理的な活動以上のものが関与しているのは明白だった。私はこうした体動が何なのかと時折尋ねたが，こうした質問に対する彼の返答は「なにも」だった。一度彼が，「私にはわかりません」と言ったことがあった。私は「なにも」とは，非常に悪い何かを否認するものであるのと同時に，干渉するなという薄いペールの掛かった私への勧告であると感じたものだった。
>
> 私は幾週，幾年にもわたって彼の動きを観察し続けていた。
>
> 一枚のハンカチが彼の右ポケットのそばに置いてあった。彼は背を弓なりにした――ここではそれは，きっと性的体位だったのではなかろうか。ライターがポケットから落ちた。それを彼は拾い上げるだろうか。拾わない。おそらく拾わない。おや，拾った。ライターは床から取り戻されて，ハンカチのそばに置かれた。直ちにコインの雨がカウチの上から床へと零れた。患者はじっと横になったまま，待っていた。
>
> どうも彼の仕草は，ライターを取り戻したことが愚かなまねだったことを示しているようにみえた。それでコインの雨になったようだった。彼は警戒しながら身を潜めて待機していた。そしてようやく，私が報告した発言をしたのだった。
>
> ……中略……ちょっとした成功を収めた一つの解釈を私は思い出した。彼が，私に話した夢について感じていたものとまさに同じものを，これらの体の動きに感じている――彼は夢について何の考えも持たなかったし，その動きについても何の考えも持たなかった――と私は指摘した。「そうです」，

「その通りです」と彼は同意した。
……中略……
　私にたびたび思い浮かんだように，赤ん坊の入浴や授乳の準備やおむつの交換や性的誘惑といった一連の精密な劇的上演を私が観ているとあなた方にも思い浮かんだかもしれない。
　その上演は，そうした一連の光景から取り出された小片の凝塊であったと言った方がしばしばより正確であり，表意運動活動，つまり，考えを名付けることなしに表現する手段を観察している，と最終的に想定させるように私を導いたのがこの印象だった。(Bion, W. 1957: Differentiation of Psychotic from Non-Psychotic Personalities. In Second Thoughts: Selected Papers on Psycho-Analysis. Heinemann Medical Books. London 1967. p.53–54　訳書 p.61–62　翻訳の一部を改変し，読みやすさのために改行を増やしている)

　ここでのビオンに特徴的なことを読者は気がつかれているでしょう。
　一連の記述を，ビオンが患者に耳を傾けていると表現することはあまり適切ではありません。ビオンは見ています。ビオンは面接室内での患者が動作・行為で表す，乳幼児的性質の転移を視覚的に観察，「平等に漂う注目」しているのです。ビオンの表現を使うなら，「表意運動活動」性の「そうした一連の光景」の「小片の凝塊」という「考え」を観ています。
　それは本来なら，患者によって欲求不満に終わった性的身体的興奮の「物語り」として語られ得たかもしれないものであり，それが分析家に聴き取られたものでもあるでしょう。しかし，そうはならなかったのでした。

2）行為の視覚的観察

　ビオンのこの視覚的観察という姿勢——それが残りの4覚，すなわち聴覚，嗅覚，味覚，触覚を排除しているものでないことは述べるまでもありません——が，前述したようにフロイトが築いた精神分析の伝統に則った転移理解の姿勢です。
　前述したように，ビオンは『精神分析の要素』(1963) において転移に言及し，次のように述べています。

　転移の諸要素は，自分以外の対象の存在に気づいていることを示す，患者の

振舞いという側面に見出されるべきである。患者の振舞いのどの側面も決して無視されてはならない。(Bion, W. 1963 p.69)

内的視覚像

ビオンは，転移は「患者の振舞いという側面に見出される」と記述しています。加えて，そこに留まらない，「赤ん坊の入浴や授乳の準備やおむつの交換や性的誘惑といった一連の精密な劇的上演を私が観ている」との記述は，ビオンが「内的な視覚像」，患者の行為や発言から，「想像的推測」を作動させビオン自身の中に生成された「内的視覚像」にも注目し観察していることがここに認められます。それは，言わば，分析家の「もの想い」の中の視覚像です。

3）ドイツ精神分析の「シーニック・アンダスタンディング/情景的に理解すること」Scenic Understanding

次に英国精神分析の伝統に属したビオンとは異なる文脈，すなわち，自我心理学を基本思考とし，その伝統からの視覚的観察に着目した精神分析的アプローチを紹介しましょう。

ドイツの精神分析では1970年代から精神分析セッションでの振る舞いの視覚的観察の重要性が共有されてきていました。それは「シーニック・アンダスタンディング/情景的に理解すること」Scenic Understanding というコンセプトで表現されています。

その背景として，1920年代から「ゲシュタルト理論」がドイツで興隆し，精神分析にも大きな影響を及ぼしていたことがあります。ゲシュタルト理論は，「心理現象は本来，一つのまとまりをもったゲシュタルト（かたち）をなしているものであり，単に部分の集合によって全体があるのではなく，全体は部分の総和以上のものである」（大東祥孝 2011）とする考えです。

1970年代にドイツの二人の分析家によって，分析場面での分析家との関係で個々の情報が形成する特異なゲシュタルトを，「情景/シーン scene」と呼び，その観察から臨床状況の理解が得られることが述べられました（Plaenkers, T. 2017）。ちなみに，「scene」は広義なことばであり，場面，

景色，風景，舞台，情景，目撃の現場といった意味を持ちます。

　その一人，アルゲランダー Argelander, H.（1976）は，面接室での分析的な出会いの中核は患者と分析家の間のシーン/情景であることを述べました。面接室でシーンは立ち上がり，とても劇的なものと認識されました。アルゲランダーはシーンを自我心理学の立場から検討して，それを自我の「情景的な機能」scenic function に帰しました。

　もう一人，ロレンツァ Lorenzer, A. は欲動論の視点から，欲動は対象との関係のみに見られるものなので，内的なシーンは本質的に対象関係であると考えました。ひとつのシーンにおいてのみ，欲動や欲動対象は現実化するので，「精神分析的理解はシーン的理解として進める必要がある」と述べたのでした。そして，「精神分析の実践において，対象関係が間違いなく作業の中心であるが，『シーン的理解』の公式は概念的革新である」と述べています（Lorenzer, A. 1973, Plaenkers, T. 2017）。

ドラマ・夢・象徴・転移と逆転移
　ロレンツァは，「精神分析過程のモデルをドラマが演じられる舞台として発展させた。転移と逆転移の過程が展開するにつれて，分析家は患者によって上演されるドラマに入っていかねばならないし，そこでの自分の役割を受け入れなければならない」（Bohleber, W. 2016. p.1393）。そこで得られる「シーン的理解は患者のプレイへの分析家の参加を基礎し，患者から提供されるすべての素材を，夢の解釈に類似するアプローチによって扱う。ゆえにそれは無意識への王道である」（Lorenzer, L. 1983/2016. p.1399）と考えました。

　彼によれば，「シーン的理解は分析家と患者によって上演されている相互作用を感知し理解する能力に負っている。シーン的相互作用から，イメージの理解を介して，シーンを名付けることへの道は精神分析的技法の要である」（Lorenzer, L. 1983/2016. p.1413）のです。

　そして，面接場面での患者と分析家の相互作用の象徴的形態がそのターゲットであり，「言語を基盤にする象徴というところからのシーンの理解は現存の象徴性のイメージを通した理解というやり方でなし遂げられる」（Bohleber, W. 2016. p.1397）と考えました。

つまり，ロレンツァはフロイトの夢解釈のように，面接場面での視覚像からある種の象徴的な形態を見出し概念化することによる，無意識についての理解を得る道として「シーン」を位置づけたようです。

しかし彼は，「脱象徴化のおかげで，相互作用の適切な形態は，反復強迫におけるように，衝迫的な状況の再生へと突き進む。抑制されたテーマについてのバリエーションを表す，シーンでの上演であるかのように現れる。」(Bohleber, W. 2016. p.1397) とも考えています。それは言わば，面接場面でのシーンは退行により象徴的な像から象徴性を欠く具体的な像へと向かっていくことの観察です。そうであるなら，そのままでは夢解釈の方法ではシーンを理解できないことになりましょう。

この疑問はとりあえずそのまま残しておきます。ただ「シーニック・アンダスタンディング/情景的に理解すること」を見出したドイツの二人の精神分析家が，自我機能，欲動，対象関係という視点からシーンをとらえようとしていたことを押さえておきましょう。

第3章　転移の起源：思考

ここまで述べてきたように，転移は患者によって語られ，治療者にそれがただ聴き取られるものではなく，分析場面に表され，あるいは分析場面に現れ，観察されるものです。それは精神分析場面の現象と表現できます。

1．外界と思考

次の発言を紹介しましょう。
「自然という書物は，数学的記号で書かれている」，「物質のあるところ，そこには幾何学がある」。

前者はガリレオ・ガリレイ［1564-1642］，後者はケプラー［1571-1630］のことばです。彼らの言う「自然」，「物質」は外界のものを指しています。一方，「数学的記号」，「幾何学」は私たちの内側での思考とそれを扱う操作法を指します。

彼らが述べているのは，外界の事物は，すべて内在化されて私たちが対処しうるものになるとのことであり，それは数学的記号に変形され，思考として内在化されているとのことです。彼らは，当時は実現し難かった，代数計算式という最高度に洗練された水準の思考により，外界のすべてを理解できることを主張しました。この主張は今日，宇宙物理学や分子生物学の分野で証明されています。

普段の私たちは，そうした高度に洗練された抽象的な思考ではない水準の思考を使用して，私たちの内側で外界のものを扱っています。すなわち，私たちが内に置いていて考えることに使うものは，すべからく「思考」であり，それをビオンはグリッドの縦行に表しました。

たとえば「鉛筆を持ってきて」と求められたとき，意識しているにせよ意

識していないにせよ，聴き手は「鉛筆」という漢字，もしくは「えんぴつ」という平仮名を視覚的に思い浮かべて取りに行くかもしれません。あるいは記憶にある「鉛筆の画像」を思い浮かべて取りに行くかもしれません。これらはいずれも，外界の鉛筆そのものではありません。私たちの内の思考です。乳幼児が鉛筆を指して，「アッア」というとき，その「アッア」は鉛筆を表象する何かを乳幼児が内側に持つことを示唆します。その何かは思考なのです。

　読んでおられる方には，「鉛筆の画像」はイメージであって思考ではないと主張したい方もおられるかもしれません。それには反論しましょう。たとえば，「馬」という漢字/表意文字は，明らかに視覚イメージが入っていますが，思考と言えるでしょう。

転移現象の起源としての思考：ヌーメノンを含むもの

　先ほど述べたように，転移は現象です。これは当たり前すぎることかもしれません。とは言え，フロイト著作の「英語標準版」にもクライン著作集にも，ビオン著作集にも，「転移現象」という索引項目は何故か見当たらないのです。しかし「転移現象」ということばはどこかで耳にしたり読んだりしたこともまた確かなことでしょう。

　それでは，転移という現象が面接空間に出現する，その起源をなすものは何でしょうか。

　その分析患者の「過去の生活史上の重要な人物像，およびその人物に由来する感情や観念」，「（分析家との関係で経験する）あらゆる衝動」，「（再創造された）過去の対象関係」，「（外在化された）内的対象関係・内的世界」，「（投影同一化された）無意識的空想」等を思われるかもしれません。

　これらに共通しているのは，その分析患者の内側――概念的表現をするなら，「こころ」，「精神」，「パーソナリティ」，「無意識的記憶」――にあるということであり，転移という現象はそこから発生していることです。転移という現象の起源が，その分析患者の生活史上の過去に実際に起こったことそのものの忠実な再現ではないことをすべての見解が認めています。

　つまり，心的事実――それは内的現実や個人神話とも言い換えられるかもしれませんが――であるとのことは，それが外的事実に基づくとしても，そ

の経験をした人物における主観的な感情や認知，思いがそこに加えられて内在化されたものであることを意味します。だから，「内的現実」，「心的事実」ということはできそうです。

　このことは，クラインの「無意識的空想」という概念に収められてきました（Klein, M. 1921, Isaacs, S. 1948）。アイザックスは論文「空想の性質と機能」(1948) の要約で次のことを述べました。

> 「空想は無意識的な心的過程の一次的な内容物である」，「無意識的空想は一次的には身体に関するものであり，対象に向けた本能目的を表象しているものである」，「まず第一に，無意識的空想はリビドー本能，もしくは破壊本能の心的な表象物である。」

　このように「無意識的空想」概念では，空想が「心的過程」や「本能」という個人の内側のものに基づくことを述べています。そして今日的に注目されるところは，その組成が「表象物」という表現に見られるように，表象に限定されていることです。クライン自身が著わした原初水準の体験の残渣である「感情による記憶」memories in feelings（Klein, M. 1957WMK3. p.180）や幻覚に見られる非表象水準の経験はそこに収められません。

　それを収めるには，ビオンが提示した非表象である β 要素やバブリングな最原初的表象である α 要素という思考によってモデル化することが必要になります。すなわち，私たちが何らかの経験を内在化しているのなら，それは（β 要素のように，その思考は考えられないものであるとしても）非表象水準の経験を含めて思考化されているのです。

　転移は表象性と非表象性の思考で構成されています。よって，ビオンの表現を使うなら，空想として表象化されるものだけではなく，表象化されないヌーメノンとしての「究極的現実」，「絶対的真実」，「O」から成っているのです。

　このことが転移の起源を思考ととらえる理由なのです。外的経験の内在化は，空想化や言語化という表象化ではなく，非表象を収めた思考化なのです。

2．思考の「実在化」としての転移

　この視点から精神分析過程を見るなら，その過程とは，人生史でのある外的経験に端を発する，分析患者に内在化されていた原初的思考が，面接場面で「実在化/アクチュアライズ」するという「外在化」がなされ，精神分析作業での分析患者の洞察，もしくは分析家の解釈によって，変形された思考として分析患者に再度内在化される過程と言うことができます。

　私はここで記述用語として「実在化」actualization を用いています。この用語の採用を検討しましょう。

実在化 actualization

　これまでの精神分析文献においては，転移現象が面接場面に繰り広げられるその有り様は，外在化，投影同一化，行動化，エナクトメント，劇化等で描写されてきています。

　用語「外在化」は，内的対象や内的世界の外在化等の表現で広く使用されてきました。それは外界で感知されているものの起源がこころの中にあることを含意しているところに意義があることは明らかです。ただこの用語は大まかであり，転写的な色彩が強い粗い描写にとどまる印象が拭えません。

　「投影同一化」は，外在化が生じる過程での二者間でのダイナミックな動きを含意しているところが有意義であるのは確かです。用語としての投影同一化の含む問題は，その防衛機制という側面が強調されてきたことにあります。それを横に置くとしても，部分自己，部分対象が投影されると，ある部分に投影同一化が生じているとらえられるところです。「大量投影同一化」massive projective identification という用語が示すように，形容詞を加えることで初めて，転移の全体像に近づきます。

　投影同一化は無意識的な万能空想であることをクラインは強調しました（Klein, M. 1946)。すなわち，心的発達最早期の乳児の「万能」空想であるから，非表象性の体験が含まれるはずです。それはビオンの原初思考の概念化で初めて正確に表現されます。

　「行動化/アクティング・イン」や「エナクトメント」には，言語化との対比で転移の行為面のみに焦点が当てられているという限界が自ずと見えます。

これらの用語は，思考が行為・行動という表現形になる原初的思考と成熟した思考の下に使用される行動（たとえば「達成の言語」（Bion, W. 1970））の区別をあいまいなままに留め置きます。ですから，たとえば「転移に含まれる行動化やエナクトメント」と記述するなら，より正確な表現になると言えそうです。

「劇化」は「物語り」narrative 形成がそこに含意されていますし，広義には「行動化」の範疇に収められるだろう，行為による表現も含まれています。いずれにしても「劇化」では物語りという要素を抜かすことはできません。言い換えれば，物語り形成に至らないより原初的思考水準の転移はこの概念には含まれません。そこにはおのずと，広範な転移現象の限られた一部の描写という限定があります。

そこで「実在化」です。この用語はアンナ・フロイディアンであったサンドラーによって提示されました（Sandler, J. 1976, Sandler and Sandler 1998）。彼は，とり入れられたものの外在化であるが，内的対象としてより，外的対象と関係づけられて実在化され，様々なとり入れられたものと自己の対話による内的空想の筋書を，分析家に「役割対応」させエナクトさせようとすると述べました。

「実在化」の用語は，投影同一化による無意識的空想の「実在化」と表現したクライン派のベル（Bell, D. 2001）や，個人の中に構成されている歴史的プロセスの「実在化」と表現した独立学派に近いフランスのグリーン（Green, A. 1987/2005）と，学派を越えて広く受け入れられています。

クラインは「情緒，防衛，対象関係の点からだけではなく，過去から現在へ転移された『全体状況』として転移を考える」（Klein, M. 1952b. p.55 WMK.3）と述べましたが，それこそが私の述べる転移の「実在化」です。それはすでに述べたように，「起源的思考の実在化」ですが，質は有しても量としては無である思考が，転移現象によって量的・空間的な形態に変わることとも表現できます。

3．転移現象に見られる思考の水準

転移の源を思考に置くとき，その思考の様々な水準での実在化として転移

現象を見ることができるでしょう。

1）「転移神経症」という思考

思考の実在化としての転移は，古典的に「転移神経症」と呼ばれたものが最もわかりやすいでしょう。転移神経症は，面接室で「物語り」的に「劇化」されます。述べましたように，「劇化」は多くは必然的に患者のアクティング・イン/エナクトメントをそこに含みますし，それは「大量の投影同一化」とも呼べるものです。

強迫観念に苦しんでいたラットマンの分析場面での転移状況のフロイトによる描写は，転移の劇化を描いています（Freud, S. 1909）。ここに挙げてみましょう。

> そして，唯一転移の苦痛な道に沿ってのみ，彼は父親との関係がこの無意識の補足という必要な前提条件を真に必要としていることの確信にたどり着くことができた。事態は，夢や覚醒時の空想や連想において，やがてある地点に達した。
> 　そこでは彼は，私や私の家族に向けて最も下品で汚らしい悪態をどっさりとつき始めた。ただ，彼の慎重な行為においては私に最大の敬意を払ってもいた。私へのこれらの侮辱を繰り返すにつれて彼の振舞いは自暴自棄にある男のそれになった。「どうしてあなたのような紳士が，私のような卑劣なろくでなし野郎にこんな風に悪態をつかせていたままにしているのですか。あなたは私を追い出すべきです。それが私に値する唯一のことです」と私に言ったものだった。彼はこのように話しながら，ソファから起き上がり，部屋を歩き回るのだった。（Freud, S. 1909 SE10. p.209）

ラットマンは，「語る」という表現形での自由連想を続け不安が高まっていく過程で，フロイトを相手に「劇化」し始めました。そもそもは彼の方から治療を依頼したにもかかわらず，父親を転移したフロイトに彼は悪態をつき続け，そうであるがゆえにフロイトからの懲罰行為を怖れて，カウチに横たわって連想を語ることに留まれず，歩きまわらないでおれなかったのでした。

分析患者から転移現象が表出されるとき，それは分析家に及びます。その

とき分析家が中立で匿名性や禁欲，外科医のような冷静な態度を保持しているなら，分析家は外的にも内的にも，分析患者の現象を映し返す「鏡」，もしくは「空白のスクリーン」のままとなります。

このラットマンのふるまいが陰性の父親転移であることをフロイトはよく理解しており，それはフロイトをののしり，かつ怖れ怯える行為に現れ，「父親との関係がこの無意識の補足」によって，このように「物語り」という形で分析場面に出現していると理解しています。

しかしながら，分析家によっては冷静で中立な態度を失い，何らかの明瞭な反応を表わすかもしれません。たとえば，フロイトはそうしなかったのですが，部屋を歩き回り続けるラットマンに，厳しいことばでカウチに戻ることを促すかもしれません。それはラットマンからの懲罰する父親転移に投影逆同一化している分析家のエナクトメントであり，それはアナライザンドの劇化への無意識的な共謀によるオリジナルな物語りの反復になり，分析治療を危機や行き詰まりに陥れるかもしれないものです。それは場合によっては，分析家が静かに穏やかにカウチに戻るように促しても発生するかもしれません。ここでは，患者の連想を聴くだけでなく，振舞いを観察することが必要です。「劇」は「観劇」もされねばなりません。

ラットマンが見せた転移神経症は，思考の生成・成熟を表した「グリッド」(Bion, W. 1963) では，縦軸のカテゴリー C 行（夢思考・夢・神話）水準に，主に位置づけられるでしょう。フロイトの1900年代の経験に基づいた転移の発見に注目した「ヒステリー・夢・転移現象」で述べた，物語り性，象徴の使用，行為，そして視覚性から構成されている水準の思考です。

ビオンはC行水準の思考が，それより原初的な水準の思考，すなわち「α要素」が連結して成立するものであることを記述しましたが，それについては別の機会に譲るとして，ビオンは転移神経症とは「個人神話」であり，覚醒して振る舞われている「夢物語り」であると見ました。

2）様々な水準の思考

すでに第1章の註1に書きましたが，一般に「思考」というと，「観念」と同義語に見られやすいようです。たとえば，「政治」とか「誕生」，「共感」といった日常生活で使っている「概念」水準のものを思い浮かべられること

が多いのではないでしょうか。それも思考であるのですが，それらは洗練され抽象化された思考です。けれども，人の成長に目を向けるなら，もっと原初的な思考も存在すると考えてもよいでしょう。

　たとえば，乳児がお母さんに向かって，「アッアーア」とことばにならない発語でとてもうれしげに呼んでいるとき，その「アッアーア」は乳児の内側に存在している，母親を表わしている思考です。その乳児は次の機会にはお母さんに向けて「ウバッ」と繰り返し発声しているのかもしれません。このように内側に浮かんでは消えるとしても，その乳児は「アッアーア」や「ウバッ」と繰り返す発語で，たとえ短い限られた時間にしろ，外界の母親についての感覚印象を，何らかの表象としてしばらくの間こころの中に保持し始めていることを，つまり原初的な水準ですが思考化していることを示しています。ちなみに，この水準の原初的な思考が「α 要素」です。

　ビオンは，思考は，表象化される以前のヌーメノン（つまり，「β 要素」である）に起源し，それから，外界の事物から得られた感覚印象をもとに創造された表象がつかの間に現れる「α 要素」という視覚要素が大きい具体性を持った思考の原初形態へ，さらに α 要素の連結によって物語り性や象徴性が加味された「夢思考・夢・神話」水準の思考へ，もっと洗練され「概念」へ，それが集合して「コンセプト」になり，より洗練化が進んで，「科学的演繹体系」へ，さらには「代数計算式」のように意識化され高度に抽象化された形態へと，思考は生成されて成熟するという考えを示し，それをグリッド縦行の各行に並べました。

3）GRID

　思考の生成と成熟を概観するため，ビオンが作成した図表「グリッド」を解説しましょう。縦行が思考であり，その生成と成熟が上から下に向かって進行します。ちなみに横列はそれらの思考の使われ方を示していますが，ここでの主題からは離れています。ついでながら「表記」，「問い」，「注意」は心的機能の二次過程としてフロイトが挙げたものです。行為は一次過程であり，プサイ（ψ）は思考の倒錯的な使用を示しています。

　縦軸の各行は，上位に置かれている思考ほど原初的なものであり，下降するほど，成熟し抽象度が高くなります。

第3章 転移の起源：思考 115

グリッド GRID

	定義的仮説 Definitory Hypotheses 1	プサイ ψ (psi) 2	表記 Notation 3	注意 Attention 4	問い Inquiry 5	行為 Action 6	…n
A β要素 Beta-elements	A1	A2				A6	
B α要素 Alpha-elements	B1	B2	B3	B4	B5	B6	…Bn
C 夢思考・夢・神話 Dream Thoughts, Dreams, Myths	C1	C2	C3	C4	C5	C6	…Cn
D 前概念 Pre-conception	D1	D2	D3	D4	D5	D6	…Dn
E 概念 Conception	E1	E2	E3	E4	E5	E6	…En
F コンセプト Concept	F1	F2	F3	F4	F5	F6	…Fn
G 科学的演繹体系 Scientific Deductive System		G2					
H 代数計算式 Algebraic Calculus							

注 グリッドの表にみる用語の訳語の種類
　　D. Preconception には，前概念，前概念作用　の邦訳がある（以下，同様）
　　E. Conception には，概念，概念作用
　　F. Concept には，コンセプト，一般概念，概念
　　G. Scientific Deductive System には，科学的演繹体系，科学的演繹的体系，科学的演繹システム
　　H. Algebraic Calculus には，代数計算式，代数学的計算式，代数計算，代数学的微積分
　1. Definitory Hypothesis には，定義的仮説，限定仮説
　3. Notation には，表記，記号法，心覚え
　4. Attention には，注意
　5. Inquiry には，問い，質疑，審理，探索，取調べ
　6. Action には，行動，行為

最上位の思考A行「β要素」は外界の具体物そのものであり、私たちの内側に置いて考えることができないものです。カントを援用し、「もの自体」とも表現されています。そうであるのですから「β要素」は表象化できないものなので、厳密には思考ではなく、思考の端緒です。ビオンはβ要素について、実物としての「ジャガイモを歌うことを不可能にしていることと同じ理由から、現実を知ることは不可能である」(Bion, W. 1965 p.148) と言います。実物のジャガイモという究極の現実は、掘ったり焼いたり食べたりはできますが、歌うことはできないものです。表象化されたジャガイモは歌の対象になるでしょうが、それはジャガイモそのものではありません。

それにしても、なぜβ要素が設定されているかと言いますと、精神病の妄想幻覚性の対象の性質はβ要素/もの自体と表現されうるものだからです。

ある統合失調症男性は閉鎖病棟での食事に「ペニスの断片」が混ざっているので食べられないと主張しました。彼はその「断片」について、それが彼の錯覚かもしれないと考えることができませんでした。「ペニスの断片」は、彼には具体物として食べるか食べないかという具体的な行為で扱うしかできないものでした。それはβ要素、もの自体です。

一方、彼がここにあると主張する「ペニスの断片」は私には見えません。「ペニスの断片」とは私にはそのものの形、つまり事物表象が得られないものです。だから私には表象からの思考化は生じません。しかし、彼は私たちには見えない「ペニスの断片」を幻視しているのだと、概念をつなぐ思考を持つことはできます。けれども、私たちの間には表象を共有するコミュニケーションは成立しませんでした。

続くB行「α要素」は視覚、聴覚、触覚等によって感覚印象として私たちに感知され、こうして初めて考えられるものになった原初思考です。この思考は主に視覚性ですが、意識と無意識の峻別が不可能な思考であり、すなわち長く保持できない、泡のように「儚い」思考なのです。すでに例示しましたように、ことばを使える前の赤ん坊が活用している思考です。原初思考からの派生物として喃語が挙げられます。

私たちが「経験から学ぶ」ためには、外界から得られた感覚印象をα要素という思考に変換する「α機能」の働きが必要なことをビオンは主張しています。

そして，C行「夢思考・夢・神話」水準の思考です。この思考はα要素が融合し，動画的視覚性と物語り性，具体象徴，行為という要素で成立し「劇」化しています。夢やエディプス神話を思い浮かべられるとわかりやすいでしょう。ドキドキ，イライラ，ハラハラといったオノマトペ（擬声語；擬音語＋擬態語）は，内的感覚であるその気分・情緒が視覚化される感覚であり，初期の未熟なC行水準思考の残遺物とも言えるでしょう。また具体象徴（デザイン図・絵文字），表意文字（象形文字・漢字）は，外界事物を表象していますが，やはり初期のC行水準思考でしょう。

α要素もC行「夢思考・夢・神話」水準の思考も視覚像として感知される思考なのですが，後者として成熟するほど，像の融合度が高く，時間的連続性を持つので動きを伴ないます。内的な視覚物をフロイトは「表象」と表現していますが，それはα要素です。「ことば」は言語表象であるため，その原初的なものはα要素です。それに対して，クラインの「無意識的空想」はα要素とC行「夢思考・夢・神話」水準の思考の両者が含まれています。一方ビオンは「思考」ととらえることで，表象化されるようになるその前段階の非表象領域のβ要素を含めました。

ところで，C行「夢思考・夢・神話」水準の思考に至って初めて，夢と夢思考が一緒に収められていることでわかるように，意識（夢）と無意識（夢思考）の区別が成立するのです。つまりフロイトの「抑圧」概念は，この水準の思考において初めて成立するのです。それまでは「抑圧」が作動していないので，その区別はありません。これらの思考は，「覚醒していながら夢見ること」として，無意識的な水準でのα機能，ビオンがかつて「dream-α」と名付けていたもの，の作動によって成立していきます。

次は，D行「前概念」です。「夢思考・夢・神話」水準の思考が連結・凝縮して概念となる前の思考で，無意識水準に置かれています。この前概念において，抽象的な象徴化が成立しています。

続いてE行「概念」です。私たちが意識的に考えることに使用している思考であり，抽象性と象徴を備えています。C行「夢思考・夢・神話」水準の思考はその中に，意識と無意識の両領域を含んでいましたが，思考の成熟によって無意識水準のD.「前概念」と意識水準のE.「概念」に分化しています。

思考はさらに抽象化され，F.「コンセプト」，G.「科学的演繹体系」，H.「代数計算式」と進みます。すべて意識水準で使われる抽象度の高い思考です。ゆえに応用範囲は広がりますが，加速度的に，そのオリジナルな対象は不鮮明になります。たとえば，「計算式」はケーキを数えるのにも，ロケットの軌道を計算するのにも使用されます。ビオンがグリッド表で示しているように，精神分析実践においては「コンセプト」までがモデルとして使用できる思考なのです。

G.「科学的演繹体系」は，精神分析臨床では現象を表象するのではなく隠蔽する働きを持つ，$G2(\psi)$ として現われるとビオンはとらえています。そこから真のものは見えてこないという，K（知ること，認識論）から近似はとらえられても，Oには至らないという後期ビオンの見解の萌芽がここにあります。

4．転移過程での思考の変形

再度，思考の実在化としての転移に言及していきます。

転移とは，乳児期からの人生の長き間に感知し体験してきた外的現象を一旦思考として内在化してきたものが，ふたたび面接室という外界の中に現れていること，実在化されていることです。このように転移現象は，「思考の現象化」なのです。そして，その特徴は，「退行した思考」であることです。

先ほど物語り性を持つ転移神経症の例として提示したフロイトのケース「ラットマン」では，精神分析における転移の出現と顕在化，フロイトの解釈による彼の葛藤に見られた不安の意識化とそれによる強迫症状の解消という展開が見られました。これと同様な基本構造を，今日の精神分析においても見ることができます。ここではその展開を，「思考の変遷」という視点から見てみましょう。

ラットマンは父親を厳格で懲罰的な人物と見ていました。つまり，ラットマンの中では，父親は「厳しい男性」とコンセプト化（F行：グリッド），「厳格」，「懲罰的」，「暴力的」と概念化（E行）されていました。それがフロイトとの間では劇化されたのでした。すなわち，思考としては主に「夢思考・夢・神話」というC行として表わされていました。この水準の変化は，

「思考の退行」と言えるものです。

　そして，そこには，C行に収めきれない，怯えて分析室内をうろうろと歩き回る行動として排出されていたβ要素（A行）や，ことばというより音水準のα要素（B行）という原初的な思考も含まれていたに違いありません。ラットマンは幼児期に，いたずらをしたために父親から殴られたことに反発して金切り声を挙げて，「おまえはランプだ！　おまえはタオルだ！　おまえは皿だ！」等と思いつくことばで父親をののしったのでした。これは，A 6水準（β要素の排出行動）のことば使用です。

　フロイトは分析室でのラットマンの言動を観察し，フロイトに転移されていた彼の父親からの「去勢の恐怖」を解釈しました。つまり，ラットマンが主にC行で表していた思考が，フロイトの解釈によってラットマンには概念（E行）として意識化されたのです。ところで，それではラットマンのβ要素やα要素水準の思考はどうなったのでしょうか。フロイトは論文「想起すること，反復すること，ワークスルーすること」（Freud, S. 1914 SE12. p.150）の中に「患者は忘れられ抑圧されたことを何も想起せず，それを行動化すると言ってよいだろう」と書きました。フロイトは「抑圧」と書いていますから，それは一旦概念化されたものの忘却です。つまりフロイトにおいては，この行動化はC行の劇化であり，β要素やα要素の思考は考えられていなかったと見ることができそうです。

　思考に焦点を当てて図式化してみるなら，図1のようになります。

　加えて，図2に転移の特殊な一型としての精神病性転移での思考の変形を

分析前	分析中	分析後
E．[誤った]概念　⇒	C．夢思考・夢・神話　⇒	E．概念
（D．前概念）	（B．α要素）	（D．前概念）
（B．α要素）	（A．β要素）	他
（C．夢思考・夢・神話）		
（A．β要素）		

図1　転移における思考の変形（非精神病性転移）（松木 2015, 松木・藤山 p.80）

分析前	分析中		分析後
A．β要素 ⇒	B．α要素	⇒C．夢思考・夢・神話 ⇒D．前概念 ⇒	E．概念
B．α要素	A．β要素		(A, B & C)
(C．夢思考・夢神話)			
他			

図2　精神病性転移における思考の変形

眠る前（覚醒）	睡眠中（夢みる前）	夢見
E．概念　　⇒	B．α要素　　⇒	C．夢思考・夢・神話
D．前概念	A．β要素	(B．α要素)
(B．α要素)		
(A．β要素)		

図3　夢での思考の変形

示してみます。

　ちなみに，夢見における思考の変遷を図化してみると，図3のように記述できるでしょう。

5．原初的思考と原初的視覚像

1）外的視覚と内的視覚

　すでに述べたように，視覚像は転移の重要な要素の一つです。

　フロイトが述べたように「患者は忘れられ抑圧されたことを想起せず，行動化する，と言ってよいだろう。彼は記憶としてではなく，行為としてそれを再生する」（Freud, S. 1914 前出）のです。ゆえに私たちには，その行動という視覚でとらえられるものに注意していることが要求されます。前述しました「シーニック・アンダスタンディング/情景的理解」もまた，その分析室に現れているゲシュタルトから，そこに発生している転移を理解してい

くコンセプトです。

　人間に特異な情報源であることばを私たちは高度に発達させているので，聴覚から得られる情報が正確かつ精密であると受け取られがちです。しかしながら，真実にはことばはいらないが，嘘にはことばが必要であるとビオンが述べたように，その正確さは観察という視覚的達成によって補正されねばなりません。その意味でも，嗅覚，触覚，聴覚等の五感覚の中でも，面接室で観察される視覚像から得られる情報がもっとも量が多く，かつ重要なのです。

　シャルコーが述べたように，外界に在るものを観察し続けることで，私たちは真実に到達できます。ビオン流に言えば，「注意/注目 attention」です。ただし，精神分析ではそれは evenly suspended（平等に宙に浮かされている）な注意/注目なのです。

　また，私たちは「夢を見る」ことや，「こころに思い描く」こと，「こころに浮かんでくる」ことという「内なる視覚」を経験します。

　改めて述べるまでもないのかもしれませんが，「夢を見る」との表現に端的に表されているように，夢はもっぱら視覚像が主役を演じますし，それは外界での経験を素材にしてはいても，こころの中で組み立てられたものです。

　「こころに思い描く」こと，「こころに浮かんでくる」ことに関しては，たとえば，前述のビオンの論文に戻ると，内なる視覚像が言及されていることに気づくでしょう。ビオンは「私にたびたび思い浮かんだように，赤ん坊の入浴や授乳の準備やおむつの交換や性的誘惑といった一連の精密な劇的上演を私が観ている」（Bion, W. 1957. p.54）と書いています。これは外界のシーンそのものではありません。これは，ビオンや私たちのこころの中に描き出されるシーンです。

　ビオンが「劇的な上演を私が観ている」と記載しているところからも，それを分析家の「内的な視覚像」と表現することは許されるでしょう。私はこれを「イメージ」とは呼びたくありません。それは，「イメージ」ということばは定型化され，手垢がたっぷりと付いた既成の観念がまとわりついているため，私たちを既成のところに連れていくからです。それは私が望む方角ではないのです。

　この内的視覚像は，その面接室内で分析家が五感を通して知覚したものが

もたらした映像です。引用した論文ではビオンは「劇的上演」の像を提示していますが，もっと断片的な画像や抽象的な視覚像であることも少なくありません。それは「もの想い」に浮かぶ，あるいは「広義の逆転移」性の感覚ですが，すでに意識化されているというところからは狭義の逆転移には該当しません。しかし，それが転移体験の派生物であることは考慮されてよいことです。

2）原初的な思考と原初視覚像

ビオンは，幾つかのことば，primitive thought/primordial idea /proto-thoughts /embryonic idea で原初的な思考を表現していますが，それは新生児・乳児に浮かぶ考え/思考，すなわちパーソナリティの乳児部分（水準）の思考とも言えるものであり，ことば/文字で概念として表現できず視覚像でとらえられているものです。私たちの内なる視覚像の原初型とも言えるでしょう。

ビオンは次のように言いました。

> 胎児でさえ，後に投影同一化と呼ばれる能力を発達させます。換言すれば，撤去によって取り扱おうと試みる感情や原初的観念を持っています。(Bion, W. 1977/1997. p.50)

なぜそれが思考なのか。それは，「(6) 原始的な思考は，非実在の対象の経験から，言い換えれば，その対象があると期待されているが存在しない場の経験から由来する（という理論）」(Bion, W. 1965. p.51) という，そこに実在しない，すなわち見ることができない対象を表わしているからです。それをビオンは次のようにも説明します。

> 思考の「モデル」として，満足を与えないが求められているような乳房の視覚像に伴う飢餓感を取り上げる。この求められている対象は悪い対象である。……それらは実在しない点で，実在する対象とは違う特異な対象である。そのとき思考や原-思考 proto-thoughts であるこれらの原始的要素は，悪い求められる対象であり……（Bion, W. 1962. p.83-4)

ついでながら，原初的な思考の意識との関係についてビオンが言及してい

るところをここに示しておきましょう。原初思考は意識的にも無意識的にもならないのです。

> 決して意識化されることのない原初的な観念 primordial idea や感情と思われるものの存在に注目していただきたい。（Bion, W. 1977/1980 New York 2. p.21）

> だから，あなたが一度，不快な感情や観念，原始観念 proto-idea，原初的な観念を取り除いたのなら，中へはいれません。それはフロイトが抑圧されたものは抑圧され続けねばならないと言ったことと違わないようです。……撤去されたものは撤去され続けられねばなりません。すなわち，それは決して無意識になりません。（Bion, W. 1977/1980 New York 4 p.49）

3）内的視覚像

原初思考に限定しない内的視覚像について，ビオン以外の分析家もその意義を述べてきています。たとえばボテラ，C. とボテラ，S. は「図形化する力」figurability とそれを表現しています（Botella, C. & Botella, S. 2005）。そこではその意義についてムザン（M'Uzan, 1976）の，患者が表象化できず情緒的に体験できない経験を分析家のこころで表象化，つまり視覚化することに言及していることを引用しています。

またバロス，R. は「感情的絵文字」Affective Pictogram という用語を提出し，「**情緒体験は，乳幼児期の過去，子ども時代の過去，もっと最近の過去，現在が綜合され表象された一つの絵文字に濃縮される**」（Rocha Barros, E. M. 2000）と言います。我が国では富田（2021）は逆転移の視点から視覚像を研究しています。

こうした視座からビルクステッド‐ブリーン，D.（Birkstead-Breen, D. 2014）は，「もの想い」での「つかの間の漂う視覚イメージ」floating visual image を思考よりも夢イメージに近いものとして述べました。

> 分析家のこころにおいてはまず，「双-眼性」bi-ocularity という，焦点化しない一つの「目」で「何か」が発展するために隙間を保持しつつ，防衛機制

を理解し解釈するもう一つの「目」を持つことで，その「穴」を埋ようとする最大限の可能性をもたらす態勢を保持する。分析家のこころの状態における，何もないところに表象の出現を可能にする退行状態には関心が高まっている。私はそれが生じさせる突然でしばしば現れるつかの間の漂う視覚像に特に関心を抱いてきている。……同時に両方の眺望を保持することの重要性を伝えたい。すなわち，ひとつの「目」を防衛的ポジション，反復パターン，不安等の動きに向け，もう一つの「目」をもの想いの産物，むしろ「ネガティヴ・ケイパビリティ」の産物に向けることである。後者は，「無意識的コミュニケーションと視覚像へのその変形の最大限の受容性に向ける」。(Birksted-Breen, D. 2014 p.214, 220)

イタリアのポスト・ビオニアン・フィールドセオリーの代表者フェロ(Ferro, A. 2002, Ferro, A. and Civitarese, G. 2015) は，ビオンの「もの想い」や「α機能」を援用し，視覚化される「夢思考・夢・神話」水準の思考を分析場面に見出しています。「覚醒してみる夢」という表現で，分析家は分析患者が見られない夢を見る。すなわち，患者の語りに基づく分析家の「もの想い」と情緒的視覚的変形，それらのメタファから「直観」すると主張します。

分析セッションでの私たちのもの想いを通して，持続的形成過程にあるこの夢に私たちはアクセスできる。……もう一つのルートは，覚醒しての夢思考の「物語り的派生物」の接触面を通したものである。これらは，部分的には「歪められる」が，実質的に分析関係で起こっていることの「眺め view」を私たちに提供し，一連の解釈の組み立てを可能にする，持続的なα要素形成の連続へのわずかなアクセスを許す。(Ferro, A. 2002. p.598)

彼らが言うのは，セッション場面の現象から視覚像を浮遊させ，「もの想い」の中に視覚像〜原初思考を滞在させ，あるとき，思考（概念）を直観するという展開です。

第4章　現象としての転移：転移の実在化

　この章では，面接室における現象としての転移を見ることを試みます。
　私たちは精神分析セッションで，外部との交流が絶たれ，分析家と分析患者の２人だけがそこにいる部屋においてその時間を過ごします。その，いわゆる分析空間に発生している現象を観察することが，分析家の重要なタスクであることを述べてきました。それらから転移を見出す，そこに転移が浮かび上がる，転移が発現する，と様々に表現される現象としての転移の感知がなされます。
　ここで述べておきたいのですが，思考が転移現象として実在化し分析家がそれに関与するには，面接室という外的空間が不可欠であり，その同じ空間内に分析家と患者が共にいること，同じ空気を味わうことは必須です。これから述べますように，二人に共有されている空間にこそ転移が実在化されていることが，精神分析臨床の中核です。
　この事実を改めて述べる必要はないのかもしれません。しかしながら，精神分析が患者に発生する抵抗や防衛や退行，あるいは古典的転移論という概念の下に，患者の精神病理が分析家によって感知され操作される作業と受け取られ，その一者病理モデルによってオンライン形式の精神分析が正当化されてはならないと私は思うからです。

転移現象が実在化する空間：そこでの３領域
——分析家という人物，面接室という空間，分析家のこころ

　これから述べていきますように，転移現象は分析家にだけではなく，二人が共にいる面接室全体に実在化します。
　転移に基づく真の精神分析過程の発現には，固定化されたハード設定と，

分析的態度と分析的介入というソフト設定が必要な条件となります。分析家は分析的態度として，転移が実在化している現象としての，この空間の空気に溶け込みながら，その空気を観察・感知していることが求められます。介入は言語的，非言語的にも反分析的なそれを持ち込まないことです。転移現象の発現を無視した設定では，真の精神分析過程は自生的に作動することはありません。加えて十分条件となるのは，分析家による適切な転移理解です。

　転移現象が実在化する空間の3領域は，ⅰ）分析家という人物，ⅱ）面接室全体，ⅲ）分析家のこころという内的空間，と私は認識しています。

　この3空間での転移のダイナミックスは，ビオンの変形理論を採用するなら，硬直運動変形が作動する分析家という存在，投影変形が作動する分析家のこころと面接室全体，幻覚症における変形が作動するこれら3領域全体に該当するでしょう。

　それでは順次，説明していきましょう。

ⅰ）分析家という人物

　分析家という人物表象の領域に現れる転移があります。これは，フロイトの転移論で示されている領域です。転移に関する古典的見解はこの領域に注目し，またそこに限定されていました。

　述べましたように，フロイトは精神分析臨床での本質を形作る現象として転移を，「ドラ」との経験を通して見出しました。その背景には年上耳鼻科医フリースとの親密な交流と手紙の交換という形でフリースという人物像に父親が転移されていることが，フロイト自身の夢分析とフリースとの関係の自己分析によって徐々に認識され，やがて確信されたようです。

　1905年にフロイトは転移を「医師という人間と過去に関係した人間とが，その転移特有のやり方で取り換えられている」と表現しました。ドラ・ケースにおいてフロイトは，フロイトのドラに対する性愛的内容の解釈ゆえに，ドラを誘惑しヒステリー症状を呈する契機を作ったK氏，そこから遡り，同じように自分に性的な誘惑を向けていた小児期の父親といった人物像がフロイトに転移されていたと理解したのでした。フロイトが発見した転移は，フロイトという治療者/対象表象に表し出されていました。

　その後1950年代から60年代の米国自我心理学全盛時代の雄，グリーンソン

は彼の著名なテキストの中で、「転移は、早い子ども時代の重要な人物に関してその起源を持つ反応の反復であり、現在のある人物にはふさわしくないのだが、無意識裡に現在の人物に置き換えられ、その人物に向けて感情、欲動、態度、空想、防衛が経験されていることである」(Greenson, R. 1967. p.155) と定義しています。要約すれば、小児期の重要人物への反応の反復が転移です。このように、分析家という人物表象が際立って転移のターゲットなのです。

また、次の逸話はこの性質の転移を端的に表わしているものと言えるでしょう。精神分析家ケースメントが私に伝えてくれた逸話です (Casement, P. 私信 2016 のちに2018年に「英国精神分析協会会報」に発表され、2019年の『道のりから学ぶ』Learning along the way にも収録)。

ケースメントは分析の時間にいつも茶色のジャケットを着ていたのですが、長い歳月の間に背中の生地がついに擦り切れてしまっているのを妻に指摘されました。そこで彼は新しいジャケットを買うことにし、分析の長期休暇中に彼は買い替えのため店に行きました。しかしそこには同じ茶色のジャケットがなかったので、彼は青いジャケットを買ったのでした。その青いジャケットを着て、休暇明けのセッションに臨みました。

そうしたところ、ある分析セッションである女性が「茶色の上着の男性はどこにいるの」と言い始めたのです。見慣れた茶色のジャケットを着たケースメントはそこにはいませんでした。居るのは青のジャケットを着た見知らぬ男性でした。

ケースメントが着ているジャケットが茶から青に変わったことで、その女性にはその変化がそれまで居てくれていた分析家の不在そのものとして体験されたのです。これは、彼女が養子縁組として里親からある男女に引き渡された経験の分析場面での転移的な実在化でした。

私にはケースメントとは対照的とも言える体験があります。紹介されてきた30代のある女性と精神科病院外来での精神分析的精神療法を始めたのですが、彼女は治療開始後すぐに私に転移性の恋愛感情を抱き始めました。あまりのその発現の早さに私は内心驚いていましたが、やがて彼女がその理由を教えてくれました。

当時私は病院勤務でしたので白衣を着ていました。彼女に精神の混乱が生

じた背景には婚外恋愛にあった男性との不和がありました。その男性は，彼女にとっては幼い頃に去った父親を表わしていましたが，ケーキ職人だったのでいつも白衣を着ていたのです。

　白衣という不変物を介して，フロイトの表現を使うなら，私という人物表象と過去に関係したケーキ職人男性，彼女を置いて去った父親が取り換えられていました。

　「転移性恋愛」と表現される臨床現象はこの性質の転移，すなわち治療者という人物に向けて表出された転移現象です。

臨床ヴィネット

　ここで精神分析からの臨床ヴィネットを提示します。ここまで示してきたヴィネットはフロイト，ケースメント，私においても男性治療者に父親対象が転移されています。しかし，これから提示するケースは私という男性治療者に父親対象のみでなく，性別が異なる母親対象も転移されることを示しているものです。治療者の性別にかかわらず，その患者／クライエントにとって重要な人物像が治療者に転移されることがわかります。

　「自分には人として致命的な欠陥がある」と苦悩する男性との分析３年目からの素材です。彼は，乳児期に両親が離婚し，父親は去り母親一人に育てられた一人っ子でした。

　そのセッションでは彼は，前日のセッションで私が定期の長い休暇を伝えたことから抱き始めた不安をぽつりぽつりと語り始めました。

　その長い休み明けの頃が，予定されている彼の第２子の出産と重なり分析を休むかもしれない。そのときは分析家にどう連絡をしたらよいのかと悩んでいる。その連絡がうまく取れないときに，分析家が彼のことを，分析家をないがしろにして放り出したと激しく怒って彼を拒絶し，そこから二人の関係がまったく途絶えてしまうのではないかとひどく怖れている，と彼は語りました。それから彼はからだをじっと硬くしていました。その彼の周囲には絶望の空気がありました。

　しばらくの沈黙の後彼は語り始め，第２子が生まれたとき，彼がその喜びを伝えても，分析家は彼と喜びを分かち合わないだろうとことばにしました。

それには，先日子どもがやがて生まれることを電話で母親に初めて伝えたが，母親は彼が期待したようには喜んでくれなかった，出産後の手伝いに母親に来てもらうことは，母親が彼の妻との今の家庭を見ることになり，それは母親を苦しめるだけではないかと悩んでいるとの連想が続きました。彼はつらそうに顔を歪めていました。

検　討

　ここでの休暇明けの連絡にまつわる，彼によってことばにされた空想は，乳児期に離婚し彼から去って行った父親としての私との関係の描写です。彼は身を堅くして，ことばも静かに語っていきました。

　私は，今にも彼を放り出してどこかへ行ってしまうにちがいない父親でした。それが起こることは彼にとって，彼がまったく何の価値もない人間であることの確証でした。この転移に現れている対象関係は，乳児の彼とその家庭を放り出した内的父親とのものです。それは分析の中で，彼の人生で確実に起こるが，無力で無価値な彼はそのまま受け容れることしかできない，どうすることもできないことでした。

　それに続く子どもの誕生を喜ばないという空想は，母親としての私との関係であることは明瞭でした。私から，そして母親との間で，彼の孤立の思いと苦悩が理解されない悲しみを私は感じました。

　彼は，私が彼に絶対的な忠誠を求めていると確信していました。彼にとってそれは改めて考える必要もないまったくの真実でした。その忠誠とは，私との関係以外にはかかわりや関心を彼が持ってはならないと私が強く要求していることであり，従って，乳幼児の母親と同様に，私に忠実に従っていなければ私が彼を見捨てる，すなわち彼の分析を直ちにやめると彼は思い詰めていました。私/母親に見捨てられることは，もはや生きていけないことと，大変切実に彼には感じられていたのでした。また同時に，忠実に従うことは，私/母親を彼が密かに保護していることでもありました。
面接室内の私は，彼の思う父親その人であり，母親その人でした。

ⅱ）面接室という空間において

　転移が現れる第2の領域は，面接室という空間であり，そこに創生される

現象です。その部屋の中にあるあらゆるものが，転移現象を創生する可能性を秘めています。すなわち，文具や家具，絵，写真，机，置物，窓，カーテン，扉等，その部屋に置かれているもの，配置されているものです。それらが，その患者にとってのパーソナルで特異な意味を表して立ち現われます。転移現象の一部分として現れるのです。

このことには，実はフロイトも触れています。「想起すること，反復すること，ワークスルーすること」(1914)において，転移の本質は無意識の反復強迫性の行為であることを「転移はそれ自体ひとつの反復に過ぎず」と述べた後，「その反復が忘れられた過去を医師に転移するのみならず，現在状況のその他あらゆる側面へと転移する」(Freud, S. 1914. p.151)と指摘しているのです。

「現在状況のあらゆる側面」と表現しているのですが，その「現在状況」とは面接室空間のことに違いありません。けれども，その後の多くの分析家たちは「医師に転移する」という特性に引き付けられていて，この「現在状況のあらゆる側面」には注目できていなかったようでした。

しかし1941年にクラインが次のことを認識しているのは注目に値するでしょう[註1]。

> プレイルーム全体が転移状況との密接な関連で，リチャードによって時に愛され，時に嫌悪された。しかし分析家のパーソナルな所有物——この場合では，バッグ，置時計，傘等——は，何より増して情緒的な意味づけがなされる。プレイや描画に使われたテーブル，彼と私が座った椅子も，部屋の中のどのものよりも遥かに重要である。(Klein, M. Narrative of a Child Analysis. 1961. p.365)

また，転移が現れる第2の領域としての面接室という空間に関連するビオンの言及は次のようです。

> 転移の諸要素は患者の振舞いの中にある自分以外の対象の存在に気がつい

[註1] この分析治療の経過と考察は『児童分析の記録』としてクラインの死後，1961年に発表されたが，実際の分析は第二次世界大戦中の1941年にクラインの疎開先スコットランドのピトロホリーにおいて期間限定の設定で行われた。クラインはこの分析を1960年の彼女の死の直前まで推敲し続けた。

ていることを示す側面に見出されるべきである。彼の振舞いのどんな側面も無視できず，この中核的事実との関連から査定されなければならない。彼のあいさつ，あるいはその無視，カウチや家具・天気への言及，それらはすべて，彼以外の対象の存在に関係する側面から調べられなければならない。(Elements of Psycho-Analysis. 1963 Ch. 15. p.69)

ここで私の分析臨床から幾つかのヴィネットを提示します。

臨床ヴィネット1

次のヴィネットは，分析に数年通ってきていたある女性からのものです。面接室内に飾られていた絵が初めて彼女に再発見されます。その絵に彼女は自身の抑うつ不安（罪悪感，抑うつ感）を見出していました。また，カウチのシーツは暖かく彼女を包む私の身体でもありました。

その女性は，面接室に入室するなり，その歩みの正面に架けられている絵にしばらくじっと見入り，それから言いました。「ここに架けられている絵はこんな絵でしたか。もっと違うものだと思っていました。とても寂しい風景画ですね」，と。そこには，しんみりした空気が漂っていました。彼女のこころには分析家への感謝を忘れていたという自分の存在の寂しさに気づいた罪悪感に基づく抑うつ的な気分が漂い始めていましたが，それはその絵の中に見出されていました。

それからカウチに横たわりました。そして，深く息を抜き，力を抜いて全身を緩めるような動きを見せます。それは暖かで柔らかいシーツに身を委ねることで，私から受け入れられているという安心感を彼女にもたらしていました。しかしそれに続き，痙攣を思わせる上半身の硬い動作が起こったのです。しばらく沈黙していましたが，口を開き，「横になってほっとしたくつろいだ気持ちになりました。そうすると，その直後に肩や頭を殴られたような痛みが突然からだに走ったんです」と，いまだ苦痛感が続いている様子で語っていきました。

それは，彼女の中の幼児的自己の反撥でした。私は彼女を愛しく思う親ではなく，突然殴りつける父親だったです。感謝のこころは吹き飛ばされてい

ました。

検　討
　ここでは，アナライザンド自身の中の抑うつ不安の発見と同じく，面接室に存在していた絵画は改めて発見されたのですが，そこに彼女の抑うつ不安が映し出されていました。その抑うつ不安は，最初は彼女の中には置かれず，絵画に投影されていたのでした。それが絵画の再発見というルートで彼女のこころに戻されました。その抑うつ不安を抱えた彼女が私にくるまれて安らぎを感じていました。
　しかしながら，その感情は彼女の中には滞在することが許されず，彼女自身が私に殴られたという振る舞い，つまり転移性の行為によって霧散してしまったのでした。
　それは，乳幼児期の両親にやさしく抱かれて安心していた彼女が突然に拒絶されるという彼女の内的な物語りの実演であるとともに，その物語りに捕獲されていた彼女が解放され，両親の愛情を実感していることの間の揺れが面接室の中で実在化されていました。

臨床ヴィネット2
　その女性は小型録音機を面接室のフロア，カウチの右下に見つけていました。その翌日の分析セッションで彼女は大変躊躇しながら，初めてそれに言及し，今日もその録音機がフロアに置かれているとひどく怯えていました。なぜなら，彼女が確信していたのは，その録音機は彼女が「告白したこと」を私が「みんなに伝えるためのもの」に違いなかったからでした。彼女に苦痛を与えるだけの私の悪意からのそれでした。
　すでに重篤な症状が消失していた彼女は，精神分析を終わりたかったのです。しかし親たちはそれに強く反対していましたし，私も反対していると彼女は内心確信していました。
　その分析セッションでは，私こそが分析を続けることを彼女に強要しつづけているとの私からの迫害を巡る長いやり取りを続けました。それを経て，彼女はひどく躊躇し続けた後フロアを見る決心をし，激しく怯えながらもカウチからからだを起こし，フロアを見ました。果たして，そこには録音機は

ありませんでした。

　彼女は大きく安堵しました。しかしその一方でそれを契機として，私が分析の終結を考える彼女に反対しているとの考えははっきり彼女に意識されたものとなり，それを彼女は考えないわけにはいかなくなったのでした。分析の継続は，ある宗教に打ち込むことへの母親の強制と同じなのでした。

　この意識化は彼女に激しい苦痛と不安を感じさせましたが，その感情は彼女がみずからのこころに置き，私との間で言語化できるものでした。そしてそれは，精神分析を通して自分自身や母親についてさらに考えることができるようになった，考えること（考える機能）を有用なものにでき，欲求不満にもちこたえられるようになった彼女ができることだったのです。

検　討

　ある女性との分析に起こった出来事のこのヴィネットでは，面接空間のフロアに置かれた録音機という，彼女に幻視されたものは，彼女がこころから排出していた私という迫害的な人物の機械的で陰険な姿でした。

　そして同時にそれは転移的に，幼いころから万能的な力をもって彼女を監視し叱責の機会を探索する母親でもありました。その母親を彼女は幼い時からずっと感じていたのでしたが，それは扱ってはならない，日常的な「幻覚症」水準のものとして表象化されないままに過ぎてきていました。かなりの経過を経て，面接室という空間において，幻視されたフロアの上に置かれた録音機は私たちが分かち合えるものと初めてなったのでした。

臨床ヴィネット 3

　このケースでは，面接室の分析患者の足元側にある出窓に掛けられていたカーテン，その部屋にいる私という人物，そして面接室全体に転移が実在化していました（松木 2015, 2018）。

　その女性は，幼い時から青年期まで長年にわたって父親からの性的搾取が繰り返されていたことに苦しんでいました。分析的治療の中では二年半の間に，揺れはありながらも彼女はより自然な形で話せるようになっていきました。また現実生活では情緒的にかなり安定してきている様子がうかがえ，パーソナリティの機能も向上し，その改善は彼女自身が認め，折に触れ自発的

に私に伝えるところとなっていました。複数の人物との間に反復されていた，乱暴に侵入し強引に支配してくる男性たちとの交際は終わったようでした。

　転移の側面に目を向けるなら，私は侵入的で搾取する父親的対象であり，同時に，彼女の苦悩を無視し放置することで彼女からやはり搾取している母親対象でもありました。

　そしてある日，分析空間に彼女の外傷体験が実在化するという際立ったひとつのセッションがまったく突然に立ち現れました。

　そのセッションは定例の長期夏季休暇が明けた最初の日でした。夕刻，予定されているいつもの時間に彼女は現れました。その様子は元気そうに私に見えました。それまでの数回の長期休暇明けは，動揺するこころを抱えてやってきていたのに較べると，この休暇前の一連のセッションと同様に，彼女のこころが安定していることをうかがわせました。

　玄関口でのあいさつを交した後，彼女は面接室に入り，いつものように，そして自然に掛け布を取り，身体に覆いながらカウチに横になりました。少なくとも私にはそう見えました。

　横になった彼女は沈黙していました。セッションの始まりを沈黙で過ごすことは彼女には珍しいことではないので，私はそのまま待ちました。しかしその沈黙の時間が過ぎていく中で，彼女が何かこわばり苦しみ始めている様子が私に見て取れるようになってきました。ことばは発さないのですが，ひどく苦しそうで怯えたように泣いている彼女がいました。

　入室してきたときの自然で元気そうな様子とうって代わった，彼女の激しい苦悶に私は強く戸惑いました。何が彼女に起こっているのか，私にはまるでわかりません。

　休暇もしくは休暇明けが関係しているのかも知れない，休暇の間に何か深刻なことが起こったのだろうか。今日彼女が横になるまでに私との間で何かが起こっていたのだろうかなど，彼女に今起こっていることを何とか理解しようと私は内側で試み続けました。

　しかし，彼女は何も語らず，また長期休暇の後で前のセッションといっても4週間前であり，彼女の今の状態の理解をもたらす素材が私にはまったくありませんでした。ひとつだけ，私にわかっているのは，今のような激しく

苦悶する彼女はこれまで一度も見られなかったことです。

　明らかに何かが今彼女に起こっている。しかしそれが私にはまったくわからない，というのがそのときの私の結論でした。この尋常でない事態にありながらわからないという苦痛に圧倒されながらも，私は待とうと思いました。彼女が語り出すか，何かが起こるのを待っていようと決めました。私も沈黙したまま，彼女を観察し，あるいは部屋の空気を観察し味わい続けました。けれどもそれからも，彼女の泣いて苦しむ様子はまったく収まりませんでした。むしろ苦悶が高まっているようでした。ひどく苦しんで泣いて震えている彼女がいます。そして時間は過ぎていきました。

　沈黙を破って，"どうされましたか"，"あなたに今，何が起こっているのでしょう"という問いを発したい気持ちに，たびたび強く駆られましたが，この事態の異常さにはその問いかけは陳腐と私には感じられ，私は自分を抑えました。

　私には何もわからないのでした。さらに時間は過ぎていきました。それはおそらく残り時間が15分を切っていた頃だったと思います。とぎれとぎれに小さな声で彼女は口をきき始めました。

　「カーテンの赤い花は，薔薇ですね」と彼女は言い出したのでした。

　カウチに横たわっている彼女の足先に位置する出窓に掛けられている両側半開きのカーテンのことを彼女は言っていました。

　彼女と分析を開始する以前から掛けられているそのカーテンは，薄黄色の地に枝についた葉や花がややぼやけた赤や黄で大きめに描かれている図柄のものです。赤みがついている花は薔薇と見れば，そう見ることもできますが，マリーゴールドやゼラニウムなどに見えないこともありません。彼女がそう言ったので私はあらためてカーテンを見ましたが，花と葉の区別がわかりにくい柄でもあり，花の部分も赤と言い切ってしまいきれないものと感じました。

　私は，表わされ始めた彼女の感覚にただ付いて行こうと思い，ゆるい肯定の表現として，〈そうですね〉とだけ答えました。

　その後少し沈黙し，それから彼女はひどく苦しそうでありながら，ぽつりぽつりと語り続けました。「以前，話したと思いますけど」と切り出して彼女がなんとか語ったのは，次のことでした。

彼女がまだ小さかった頃，母親とスーパーマーケットに買い物に行きました。そこで彼女はトイレに行きたくなったのですが，母親は買い物をそのまま続けるので彼女はひとりでトイレに行くことにしました。彼女は店の女性用トイレを見つけて中に入り，仕切られたその中のひとつに入ることにしました。そして戸を閉めようとしたとき，その戸口に大人の男性が立っていました。その男性は彼女に「トイレの使い方を教えてあげるから一緒に入ろう」と言いながら，二人で入って戸を閉めました。
　それからのことは，彼女はほとんど覚えていません。ただその男性が彼女にしゃがみ込むように言い，その後ろに彼が座りました。それから彼女の目に，その男性が脱いだトランクス——それは，深い青の生地に真っ赤な薔薇の花が幾つか描かれていました——が鮮明に焼きついていました。
彼女の話は終わりました……。
　このおぞましい光景を聴いていったとき，ある瞬間突然に，私は同じものがこの面接室にあることに気がついたのです。
　面接室という二人だけの閉ざされた室内，目の前の赤い薔薇——彼女が口にしたカーテンの薔薇，そして，カウチに横たわった彼女の後ろに大人の男性の私が座っています。
　瞬時，今この面接室が，彼女が語るそのトイレの小部屋そのものであると私は気がつきました。この分析空間は，彼女が語っている外傷場面それそのものでした。そして私が，加害者のその男なのでした。私は転移のただ中に自分がいる，しかも侵入的な加害者としていることを知りました。
　一瞬私の中に〝私はその男性ではない〟という私の置かれている立場を否定することばを発したい気持ちが強く動きました。しかしまた次の瞬間，私は分析家としてこの転移場面をそのまま生きていかねばならないと思いました。
　そこで私は，ことばをひとつひとつゆっくりと伝えました。〈今，私が，その男性なのですね〉。彼女は答えました。「そうです」。
　それから沈黙に戻りました。もう時間はありませんでした。その残りの時間の流れの中で彼女は落ち着きを取り戻した様子を見せ始めました。それから言いました。「今日は，久しぶりに先生に会うので，楽しみな気持ちで来ました。休みの間のことをいろいろ話そうと思っていました。部屋に入って

こんな気持ちが出てくるなんて，まったく思いもしませんでした」。

彼女がこう語ったとき，終わりの時間となりました。私は彼女に終了を告げ，彼女は起き上がりました。そしてこれまでのように私をほとんど見ない様子で彼女は掛け布を片づけ，服を整えて料金を支払いました。それから私もいつものように，彼女を玄関口で送り出しました。

検 討

この臨床場面では，面接室の，分析家を含めたあらゆるものに，転移現象がそのまま実在化していました。転移の本体は面接室の細部に宿っていました。

彼女は過去の体験を語っていました。と同時に，それはそのまま面接室に実在化していました。それは「幻覚症」と呼べるものであろうと思います。私には，なぜか，その転移現象に含まれていた「選択された事実」が直観されました。そして私の解釈によって，彼女の「幻覚症」は表象化されたものになって私たちの共通感覚で認識されるものになりました。

iii) 分析家のこころ

第3の領域に，分析家の内なる空間があり，そこに感知される現象があります。

それは面接室の中で患者といるときに，たとえばからだの窮屈な感じ，不安や抑うつ，憎しみ，愛しみ等と同定される情緒，ことばにし難く何らかの視覚像が浮かぶ形で意識化される感情，いつのまにか浮かんでいた空想や想起された記憶，ある思考を考えていること等として分析家の内に感知されます。すなわちそれらは，身体感覚，フィーリング，視覚像，視覚的・聴覚的想起，言語連想等として感知されるものです。

この第3の領域，分析家の内なる空間での感覚・感情は，精神分析では通常広義に「逆転移」と呼ばれています。すなわち患者に分析家が応じるものとしての分析家の反応，厳密には分析家自身の無意識の転移反応です。しかし「逆転移」とコンセプト化するよりも，それらは分析空間で生起している「転移現象の構成要素」であるととらえるのが，ここでの私の見解です。

逆転移は，歴史的にはハイマン以降に取り上げられてきた，患者と出会い続ける分析家内に発生する感情・思い・連想といった，もっぱら分析家のみに気づかれる心的現象です（Heimann, P. 1950）[註2]。すなわち，ことばにできるか否かという概念化の有無は別にして，分析家の自己モニタリングによって意識化されている自身の感情や感覚です。

　しかし1968年にビオンは述べています。

> 従って，私たちが扱っているのは次のような意味において，逆転移よりもむしろ転移であるとの原則で私は働きます。即ち，意識的であると私が考える理由か，あるいは少なくとも意識的であるべき理由によって，私の苛立ちは正当化されるという意味においてです。（Bion, W.: Bion in Buenos Aires. 1968a/2018. p.5）

ビオンはさらに述べました。

> 逆転移についての本質的なポイントの一つは，それは無意識であることです。「逆転移を使用する」ことについて語る人たちがいますが，［無意識のものである故に：筆者追加］その人たちは自身の逆転移について知らないのですから，それは使えません。患者への私の情緒反応といったものは確かにあります。頑固な偏見といった特徴を私は持っている，との事実への私の気づきを通して，私の解釈を正しい，正しくないと患者が感じることをより許容

註2）周知のようにハイマン（1950）は，「私は「逆転移」という用語を，分析家が患者に対して経験するすべての感情 feelings に及んで使う」（Heimann, P. 1989 p.74）と広義に定義し，それは英国クライン派精神分析家を中心に幅広く受け入れられている。ハイマン自身は次の文を続けて書いている：「逆転移とは単に分析家側の転移を表わすものであり用語のこの使い方は正確でない，との議論もあるかもしれない」（同上）。さらに続けてハイマンは「私の論題は，分析状況での患者に対する分析家の情緒反応は，分析家の作業において最も重要な道具の一つだ，ということである」（同上）。

　ハイマンのこの表現は，私が「分析患者と出会い続ける分析家内にカウンター的に発生する感情・思い・思考・連想」と表現している内容とほぼ一致する。それをハイマンは逆転移と呼ばざるを得なかったのであるが，そこには時代的な制約，分析用語の限界があったためと私は考える。そもそもハイマンが基本仮説に置いているのは，「分析家の無意識が患者の無意識を理解する」という，すべからく無意識水準のコミュニケーションである。1950年のハイマンに「コンテイナー／コンテインド関係」，「もの想い」，「幻覚症での変形」あるいはサンドラーの「自由に漂う対応」といった分析概念があったのなら，ハイマンは「逆転移」という用語を使用しなかった可能性は高いであろう。

し持ちこたえられるであろうと私は望めます。それは，つかの間の体験です。そのことが，それを「転移」と呼ぶ一つの理由です。すなわち，それは，あなたが何処かへ行く途中にあなたが抱く感情や思考や観念です。

　あなたが転移と呼ぶようになったものを前にしているとき，そのときそれが何なのかを正確にあなたは感じられますか。それは，患者があなたに言うことが，あなたの中に入ることが許容されるか，それとも跳ね返されるにかかっています。言わば，あなたの内側にあって，内省されるのです。(Bion in New York and Sao Paulo. 1980. p.16)

　ビオンは，私たちが自己モニタリングを通して意識化しているものを「逆転移」と同定するのではなく，転移の文脈内に置くことを明確に示唆します。私も，これらの分析家内の内的空間の現象を，「逆転移」として独立させるのではなく，転移現象の範疇に収めることが，分析場面の現象のより正確な理解を導くと考えます。

　ビオンが述べるように，<u>転移現象の範疇であるから，分析家内のこの現象が意識化されているのです</u>。そもそも患者は転移と気がつかずに面接室の中にそれを表わしますが，同じように，分析家は自分自身の逆転移も気づいていないものです。私たちが分析セッションの中で気づけるのは，それが患者の転移に起源しており，そこに意識化することを可能にする鍵があるからなのです。私たちの中で意識化されているハイマン的な「逆転移」を見る視座と転移を見る視座の「双眼視」から，転移現象の細やかな理解がもたらされるのです。

　それは，外科医が患者の身体生理所見に基づかず逆転移に基づいて手術をするなら悲惨なことになるだろうとビオンが述べた，分析家の主観に基づいただけの，所謂「乱暴な分析」を防ぐためにもとても重要であると私は考えます（Bion, W. Brazilian Lectures 2. 1974. p.189）。

　それではこの自己モニタリングによって意識化されている分析家のこころに現れているものを何と呼ぶことができるのでしょうか。

　私はハイマンの言う「分析状況での患者に対する分析家の情緒反応」とは，分析家の「もの想い」において感知されているものと理解しています。ちなみに，もの想いについてビオンは，「母親のもの想いする能力は，意識する

ことによって獲得される乳幼児の自己感覚という収穫物のための受容器官である。」(Bion, W. 1967. p.116), あるいは,「もの想いは, もの想いしている者が愛している対象に由来するどんな『対象』も自由に受け取るこころの状態」(Bion, W. 1962. p.36) と記載しています。もの想いは, 乳児や分析患者の意識的無意識的に抱いてるものを受け取り, それを思考水準はさまざまながらも意識的にこころに抱いている母親や分析家のこころの様態です[註3]。

註3) もの想い reverie については,『パーソナル精神分析事典』(松木 2021) において「もの想い」と題して詳しく論述している。ビオンは1959年8月にはすでに「もの想い」を臨床概念として採用していたようだが, その実体は1962年の「考えることに関する理論」(Bion,W. 1962a) と『経験から学ぶ』(Bion, W. 1962b) まで明瞭には表現されていない。
「考えることに関する理論」には次の文がある。
　「フロイトによって定義され, 私が原初的な乳幼児の意識を定義するために使っている限定された意識は, 無意識とは関連を持たない。自己のすべての印象は同等の価値を持つ。すなわち, すべては意識的なものである。母親のもの想いする能力は, 意識することによって獲得される乳幼児の自己感覚という収穫物のための受容器官である。
　原初的な意識は, 私たちが意識の領域と通常にみなす課題を実行できないし, 「意識」という用語を, 理性的に考える点でとても重要な精神機能に適用されている通常の領域から撤回しようとする企ては, 誤解を招くものである。今のところは, 投影同一化を通した原初的な意識と母親のもの想いとの相互作用に破綻がある場合に何が起きるのかを示すためだけに, 私はこの区別をする。
　乳幼児と乳房との間の関係が, 感情, たとえば乳幼児が死につつあるという感情を母親の中へと投影し, それが乳房の中で憩うこと sojourn で乳幼児の精神にとって耐えられるものにされた後に, 乳幼児がそれを再とり入れすることが許されるならば, 正常な発達がそれに引き続いてくる。その投影が母親によって受容されないと, 乳幼児は, その死につつあるという感情の持っている意味が剥奪されると感じる。したがってそれは, 耐えられるものにされた死につつあるという恐怖ではなく, 名前を欠くひどい恐怖 nameless dread を再とり入れする。
　母親のもの想いする能力の破綻によって未完成のままに残された仕事が, 原初的な意識の上に課される。それらは, 程度は様々だが, すべて, 相互関係にかかわる機能と関連している。
　原初的な意識は, その上に置かれた負担を背負えない。投影同一化を拒絶する対象が内的に確立されることは, 理解ある対象の代わりに, 故意に誤解する対象を乳幼児が持ち, それと同一化することを意味する。そのうえ, その心的な質が早熟で脆弱な意識によって知覚される。」(p.116-117 訳書 p.121-122)
また『経験から学ぶ』には次の文がある。
　「栄養管の消化能力のおかげで乳房とそれが供給する母乳を利用できるように, われわれは乳児の愛情と理解への欲求の心的な供給源であるもの想いから, もし乳房がもの想いを利用できるならばどのような種類の心的な受容器官が必要とされるかを推論してよい。別の言い方をすれば, α 機能は, それが作用しなければ β 要素として排泄する以外の目的に利用できないままのものを乳児が利用できるものと仮定したうえで, 母親のもの想いの能力に直接関係するこの機能の諸因子は何だろうか。

実際，第1部，第5章「ビオンの転移論」で触れたことに追加しますと，逆転移についてビオン（1968）は明確に次のようにも述べています。

> 重要なのは次のことです：私たちは逆転移を利用できると教わりますが，私が思うに，定義を厳密に適用すると，これは誤った概念です。というのも，私の意見では，「逆転移」という用語は無意識の反応のために取っておかれるべきだからです。以上の理由から，それは逆転移なのだと分析家が考える，いわゆる意識は，それに関してセッション中に何もなされ得ない限りは，重要ではありません。(Bion, W. 1968a/2018. p.5)

ビオンの逆転移についてのこの見解は，フロイト，クライン，ビオンの流れを持っています。クラインもまた，同様に考えていました。第1部 第2章「クラインの転移論と逆転移」に記載しましたことに加えて，1958年の英国精神分析協会での若い分析たちに向けたセミナーでクラインは語っています。

> 分析で逆転移を使うとはどんなことでしょうか。逆転移を回避できないとき，逆転移は制御されるべきであり検討されるべきですし，患者の利益のために使われるではなく，分析家自身の利益のために使われるべきです。私は逆転移の使用をほんとうとは思いません。(Klein, M. 2017. The seminars on technique, 1958. p.105)

ビオンの1974年のリオデジャネイロでの発言はさらに明瞭なのです。

母親のもの想いのための能力は，ここでは内容から分離できないと考えられている。というのも明らかに，一方は他方に依存しているからである。もし授乳する母親が，もの想いを分かち与えることができないか，もの想いを分かち与えるが子どもやその父親への愛情に裏打ちされていないと，この事実は，たとえ乳児に理解不可能でも乳児に伝達されるだろう。心的な質は，交流の通路すなわち子どもとの結合に伝えられるだろう。何が起きるかは，これらの母親の心的な質と，乳児の心的な質に対するそれの衝撃による。というのは，母親の乳児に対する衝撃は，カップルとそれを構成する個人の発達から見ると，α機能による変形に従う情緒体験だからである。もの想いという用語は，ほとんどどんな内容にもあてはまる可能性がある。私はそれを，愛情か憎悪に満たされた内容のためにのみとっておくことにしたい。この限定された意味で用いると，もの想いは，もの想いしている者が愛している対象に由来するどんな「対象」も自由に受け取るこころの状態であり，だから乳児が良く感じていても悪く感じていても，それの投影同一化を受け入れることができる。手短に言えば，もの想いは母親のα機能の因子である。」（原著 p.36 訳書48-49p）

あなたは分析家たちが言うのを聴くでしょう。「私はあの患者は好きではありません。でも，私は私の逆転移を使えます」。彼（分析家）は彼の逆転移は使えません。その分析家は彼がその患者を嫌いであるとの事実は使えるでしょう。しかし，それは逆転移ではありません。逆転移に関係する唯一のことがあります。それは，それが分析されねばならないことです。面接室では自分の逆転移を使うことはできません。それは用語の矛盾です。（Bion, W. 1974/1990）

それでもなお，逆転移概念についての誤解，誤用は続いています。たとえば，ヒンシェルウッドはビオンの『ブエノスアイレス・セミナー』（1968/2018）の序文では次のように言って，一見すると今日の逆転移活用論を援護しています。

> 彼［ビオン：筆者注］の臨床的アプローチは一貫している。それは常に，主観的体験を理解することに関する。1948年，集団の時期に彼はこう書いた：「逆転移を仮定することほどには，転移を仮定することを嬉しく思いません」（ビオン，1948. p.65）。この時期からビオンは逆転移，彼自身の体験に大変熱心に取り組んでいた。当時彼は精神分析訓練のさなかで，ポーラ・ハイマンのスーパーヴィジョンを受けていた。彼女は逆転移に関する画期的な論文の著者だが，1949年にそれを書いており，先ほどのビオンのコメントとほぼ同時期である。自身の反応に対するこの感受性を，ビオンはその後の臨床生活の最後まで持ち続けるようである。（Hinshelwood, R. in Bion, W. 2018b）

しかし，この一文をよく読むなら，ヒンシェルウッドが逆転移という用語は使わず，「自身の反応に対するこの感受性」，平たく言うなら，自己モニタリングという表現をとっていることがわかります。

私はこの自己モニタリング，自身の反応に対する感受性はもの想いの中でなされるものの一つと位置づけます。

ここでヴィネットを挙げることは読者の理解に役立つように思えます。

ヴィネット1

分析が3年半ほど続いていたその男性が，ひどい風邪を患ってから3回目

のセッションがこの日でした。彼自身も気がついていましたが，彼は年に１，２回風邪を引いてはけっこうこじらせてしまっていました。

そのセッションも彼はしばしの沈黙の後，かすれた声で「風邪が少しよくなってきました」と言いました。確かに声が前日より出るようになっており，治ってきているようでした。それからの沈黙の間，彼の苦悶が薄く浮かんだ顔を少し眺めた後，私はもの想いに入っていました。

　　　——風邪が今回もけっこうひどかったな。これはやはり，彼がいつも忙しく過ごしていて休息がとれないためにこじれてしまうのだろう。常に多忙の中に身を置くことは続いている。このことは何度も彼との話題になったが，変わらない。そもそも母親の期待に応えることが，彼の上昇志向の根底にあったことはわかっている。そして，その上昇志向にいることはいまだ変わらない。分析の時間がしばしの穏やかなときであるが，終わると彼は忙しさに舞い戻ってしまう。この追われるような忙しさは，一体何なのだ。……——

問いが生まれていったこのような私の中の連想には，いささかの徒労感を伴なう困惑の感情が付随していました。付け加えれば，強くはありませんが苛立ちも含まれていました。これらの感情は意識的に感知できるものであって，私には眺めることができるものでした。

彼の忙しさについては，これまで幾度となく私は考えてきていました。そしてそこでの理解は彼と分かち合われていたのですが，彼の日常での姿勢は変わらないのでした。

このとき，私の脳裏に残っていた先ほど見た彼の表情が甦りました。それは，少し苦しげな表情でした。その苦悶の表情は，押さえようとしていたにもかかわらず滲み出てきたものに感じられたものでした。そこからことばにするなら，‘一人で苦しんでいる’という印象が私に浮かびました。

このとき私の中に自生的に浮かび上がったのは，苦しげな彼の表情と「閉所」という視覚化された漢字でした。概念としての閉所は，彼との分析を始める遙か前から私は保持していました。彼が母親との濃厚な関係を生きてきており，そこに優勢な対象関係が築かれていることも私は彼の分析の始まりから知っていました。けれども，このとき，彼との分析を始めて３年半の時期に初めて両者が私の中で実感を伴ってつながったのです。文字化され視

覚化されて,「閉所」ということばが生きた意味を持ったのでした。
　こうして私にはずっと考えられなかった概念が, 突然考えられるようになったのです。それは, それまで私も彼との閉所にいたのです。しかし, 私は転移での反復強迫につかまっており, 私には彼との体験そのものであったために考える対象ではありませんでした。すなわち, それは視覚像化されたことで考える対象に位置しました。
　そうだ。彼は閉所にいるのだ。母親によって作られた, 母親とふたりだけの閉所にいるのだ。だから彼は, 多忙な母親と同様に動き回らねばならないし, そこから抜け出そうと, 閉所を突き破ろうと走り回らねばならないのだ, しかし同時にそうであるから彼は孤独であり, 孤立感を内に持っていると私は思いました。
　私は切なさ, 哀しみを感じていました。それからそれとはなく, かつてのある同級生を思い出していました。……その地域ではよく知られている開業医の長男で母親の愛と期待を一身に受けていました。母親のことを「ママちゃん」と呼んでいました。彼は, 身体は小さいが声の大きな闊達で賢い子どもでした。そして母親の期待に応えていました。母親同士のつながりで私は彼と一緒に過ごす時がありましたが, その明るい存在に圧倒される感じが私にはありました。しかしながら彼にとって事態は突然に暗転したようでした。彼が中学の時, 父親は世間に知れ渡る事件を起こしました。その事件後彼は他県の高校に進み, それから会うことはありませんでした。随分時が経ったあるとき, 私の母親から聞いたことは, 彼が私立大学医学部に行くも中退し父親の病院は弟が継いで, 彼はそこで事務的な仕事をあてがわれ, 麻雀等にはまり込みぶらぶらしている。その彼を「ママちゃん」母親は嘆いているとのことでした。彼は人生をずっと「孤独」と「孤立」で過ごしているのだろうと, 私は悲しく切なくなりました。強いものではありませんでしたが, 生き延びているものの罪悪感の感情も私の中に湧いてきていました……。
　このようなもの想いとともに, 母親といる閉所と内なる孤立感という気づきから私の中で, 彼の幼い頃の激しい引っ込み思案, それと真反対の現在の過活動, そして私との間でのしばしの弛みや私との分析を続けたいという望みといった彼の過去, 現在の外部状況, 私との現在の転移の性質, 私との未来の関係希求のすべてがつながっていきました。

幼い頃の極度な引っ込み思案は，圧倒してくる母親に閉所に追い詰められている事態であり，それは小学校教師との関係等で反復され，思春期に入ってからは抵抗しつつも，母親の求める在り方を追求し，現在に至っています。その一方で，その在り方の苦痛ももはや彼は認識しています。

転移の進展により，私との間はそもそも母親との関係と同じ閉所とすることがもくろまれましたが，私の中立的対応によってそれは父親との関係となり，父親としての私との間に出現してきた寛ぎを体験したことで安らぎの重要性にも気がついていました。けれども，現在のように，それでもやはり母親の閉所に反復強迫的に戻ってしまいます。

私はこうした理解を彼に伝えました。彼は肯定しながら，母親との閉所の関係が，結婚後は妻との間に引き継がれていたこと，しかし近頃妻がそうしたふたりの生き方への疑問をふと口にしたことを想起しました。続けて彼は，何を怖れて自分は多忙に留まるのだろうかとつぶやきました。

聴いていた私の中に，保育園での孤独から彼を救い出してくれたのは母親だったことが自生的に思い浮かび，その感じを味わいました。それから間を置いて彼に，〈孤立，孤独が怖いのでしょう〉と伝えました。この孤立には彼がずっと抱えていた死の恐怖も含まれると私は考えましたが，それは伝えませんでした。彼は肯定し，そこからさらに思いを巡らしました。

解　説

彼は意識的には風邪による身体の苦痛に苦しんでいました。その彼とともにいる私にはそのように自分自身を害するほどまでに自身を酷使し母親の期待に応えようとする彼の哀しみを感じていました。

私のもの想いに現れてきた，ある人物に関連する想起に基づいたひとつの空想は，彼の孤独と哀しみを私がそのまま感じていたその質を表しているとも表現できます。それは，一つの表現をするなら，彼の中の受け入れられない感情と思考が私の中に投影同一化され，それを私は私の「もの想い」において感知した，と描くことができるでしょう。

しかしながら，私がもの想いと表現したように，これらの感情や空想は私には意識されており，あるいは前意識から浮かび上がってきたものです。つまり私の無意識に置かれていたものではありません。ゆえに，彼の語りと様

子の観察から私のこころに生じたものであることは確かですが，無意識である「逆転移」と表現するよりも，「もの想い」と呼ぶ方が適切かもしれないものです。

もう一つの例を挙げてみましょう。

ヴィネット2

ある分析セッションでその男性は連想が浮かばなくなったことを私に伝えた後，次の夢を語りました。

> 妻が彼に彼の白いシャツを切るようにとはさみを渡す。そのシャツの布から何かを作ると言う。彼は一番好きな白いシャツを切りたくないと思うが，切って妻に渡す。すると妻は，古いシャツでもよかったと後で言う。彼は妻に怒りを感じる。

それから彼は，不安なこととして，彼の身体のこと，そして私が仕事の関係で土地を離れ，この分析が終わることを語りました。私は夢についての連想を彼に尋ねましたが，過去に母親が彼のジャケットを駄目にして彼を悲しませることがあったことを彼は想起しました。

そこで私は，妻は私であり，白いシャツ（私は精神分析セッションでは必ず白いシャツを着ている）も私が着ているものであり，彼が切ったり切らされたりしているのだろうと解釈し，前回セッションの最後のやりとりに言及しました。彼はそれに対して，あのとき私を遠く感じたので，近づけるために私の解釈がおかしいとあえて言ったのだと彼は語りました。

そこで私は〈あなたは，私へのあなたの怒りに焦点を当てるようにと私を導こうとしたのですね〉と伝えました。彼は沈黙しました。それから「怒らないでいたい」と言おうとしても，咳き込みそうで話せなかったことを語り，そのセッションを終わりました。

終わり頃の私は，内側に何か窮屈さを感じており，それには身体的な圧迫感も伴っていました。そして，それは私の中で分節化され，「今ここでの転移解釈をしろ」というプレッシャーをかけられている，と言語化されました。そこにちょっとした迫害感という空気もあることに私は気がつきました。

次のセッションでは，彼は自分が形式にこだわっていて，実は中身がないのではないかと怖れていることが浮かび上がりました。ここで私は，これらの話は彼が私にヒントを与え，それから彼と私の今を取り上げるようにとのプレッシャーを持ち込んでいるのを感じました。
　すると，私の中に問いが浮かび上がりました。なぜ彼は執拗に私に今の彼との間を取り上げさせようとするのだろうか，と。なぜ，私が気づき，取り上げるようにあらねばならないのかと私は思い始め，そこに怯えた彼の顔が思い浮かんだのでした。
　その視覚像を含めた私のこころにあるものから，私にひとつの考えが結実し，それを彼に伝えました。〈あなたは，私があなたと私の間を取り上げることを期待していますが，あなた自身が私たちの間をみるのが大切なことなのかもしれません〉。すると，彼は実は，それがとても怖いことであると彼は不安げに答えました。
　こうして，彼自身に扱えないものを私に対処させようと，彼が私を動かそうとしていたことが明らかになりました。これは彼が母親に行っていたやり方でもあって，私たちの間に投影されていた空想でした。私の中で意識されていったこれらの思考や感情という現象と転移の文脈に置いたその理解が，それを浮かび上がらせました。

　改めて述べるまでもないのでしょうが，区分けした3領域での転移現象は，それぞれ独立した現象に見えるかもしれないとしても，ひとつの転移現象全体 a whole phenomenon の諸要素です。なぜなら転移の原初的な源泉はひとつの思考なのですから。
　私たちに求められるのは転移現象の観察ですが，面接室内では，あらゆるものが転移の一部分・一破片かもしれません。ゆえに，私たちは面接室内のすべての現象に万遍なく注意を向けることを要請されます。それは「聴く」のではなく，発されることばを含めて面接室内の空気に「平等に漂う注意を向ける」のです。こうしておわかりのように，精神分析療法での治療者の役割とは，あらゆる転移現象を感知し観察し，直観したり思考化することなのです。

第3部
転移からの技法論

第1章　転移が導く精神分析過程：破局の出現

1．オープニング・ヴィネット

やってきた彼女は，見るからに不安そうに私には見えました。

　無駄のない，けれどもいささかせわしい動きでカウチに横たわってそのセッションが始まると，彼女は職場で彼女を疎ましく思っている男性が，新しいポジションに彼女が就こうとするのを邪魔するのではないかと恐れていることを，口いっぱいに含んでいた食べ物を一挙に吐き出すように語りました。いや，私がそのとき思い浮かべたのは，肛門をいっぱい開いての糞便の排出でした。

　ひとしきり話した後，彼女は口を閉ざしました。
　それは，次は私が解釈をする番だという無言の指示でした。私は突かれました。突かれて私は，私自身の中を見回しました。けれども，この時点では何も言うことはないという感覚を内側に得たので，私は何も言いませんでした。
　おそらく彼女は不満でしょう。しかし部屋の中は静かで無風でした。厚いコンクリートで四方を遮断された部屋の中のように，空気はただひんやりとしていました。それから少しの時間の後，彼女は思い直したように，昨夜の夢を語りました。

　　夢の中で，この面接室に今いるように彼女はいました。すると，私が突然に後ろから彼女の首を絞めてきます。彼女は"やっぱり，信用できない"と思います。

夢は続きます。

　　場所は変わって，実家になっています。実際には存在しない実家の階下の部屋には母親と妹がいて，ふたりは怒鳴りあっています。

彼女は連想しました。「何でこんな夢をみたのか。……言いにくいが，先生が信用できない気持ちはある。首を絞めてくるとは思わないが……」

少し間を置いて私は次のことばを伝えました。「今日，あなたは私に不安な思いを語られましたが，私は何も答えませんでした。今，私があなたを邪魔し，ふいに首を絞めているのでしょう」。

すぐに彼女は，「何で，お母さんと妹が言いあっている夢なんか見たんだろう」とつぶやきました。私の解釈は無視されました。この空間は再び，無風に戻りました。温度はさらに下がり，もっとひんやりとなりました。

第3部では，これまで述べてきた転移の性状から導かれる精神分析技法論を述べていきたいと思います。それに際しては，第2部に凝縮した形で触れた精神分析過程に戻ってみることがその理解を手助けしてくれると思います。

2．精神分析過程とこころの変化

精神分析過程での分析患者のこころの変化はどのようなものでしょうか。

たとえば転移を扱う「変容惹起解釈」を提案したストレイチー（Strachey, J. 1934）は，「分析を受けている患者における変化はまずもってゆっくりと現れてくる，とのことは共通して合意されている臨床上の事実である」。それは「変容惹起解釈に対応する小さなステップの莫大な積み重ねの結果である」と述べています。

ストレイチーの文は，精神分析でのこころの変化はゆっくりとしたものであると読めるものです。しかし彼がこの見解を，当時優勢だった「暗示」を主技とする催眠療法との比較という文脈で述べていることを決して私たちは見落としてはなりません。催眠療法や認知療法等の広義の短期心理療法や期限設定療法に較べて，年単位が想定されている精神分析や精神分析的精神療法では確かに時間を必要としますが，生起する変化は確実で持続的なもので

す。すなわち「slow but, steady wins the race」（雨垂れ石を穿つ）です。

けれどもその一方で，精神分析的な設定の中で進展していく精神分析過程という視点から見るなら，その展開は，ゆっくりとした徐々の変化というよりも，転移の性質から導かれる緩急自在の変化があると表現できるかもしれません。そこにはゆっくりとした徐々に表れるこころの変化もあれば，激しい情緒の動揺や変転もあるのです。

第2部で村上春樹から，「そのとき人は一度自分の組成をすっかり壊さなくちゃいけない」という表現を借りましたが，変化に際しては，それが際立ったものであれ静かに過ぎているようであれ，その人には「破局」と感じられる経験が発生することは避けられないと私は感じています。それまで飽和された閉鎖システムとして安定した均衡を保っていたこころに，未知だった真新しい考えが入り込みその一部になろうとするとき，未飽和に戻ったこころの攪拌は避けられません。

第2章　転移の取り扱い：分析空間における転移の感知法

1．精神分析の方法

　ここで改めて述べるまでもないことですが，フロイトは精神分析の方法を創造し，その方法を使って経験を重ね，そこから様々な精神分析理論を練り上げていきました。その過程において，精神分析技法には二つの原理的方法論がありました。「帰納法」Inductive approach と「演繹法」deductive approach です。

a．帰納法と演繹法

　精神分析技法での「帰納法」とは，その面接場面に起こっている複数の出来事/現象だけを頼りに仮説を立て，その仮説を解釈する方法です。一般的に，帰納法では仮説を形成するときに「直観」が活用されます。といいますか，「直観」を通して仮説は生まれてきます。代表的な例としては，ポアンカレの「選択された事実」がそれにあたるでしょう。

　もう一つは「演繹法」です。それは，精神分析の既存のある理論やコンセプトを前提に置いてそれと照合しながら，面接場面に発生している出来事/現象についての仮説を立て，その仮説を解釈する方法です。こうした演繹法では参照枠におくコンセプトの枠内での現象理解の近似性はかなり保証されます。

　その例は，逆転移感情を患者のものと同定するやり方です。そこでは「投影同一化」という既知のコンセプトが前提仮説に置かれています。

　例を挙げてみます。治療中にある治療者が自分自身の中に'腹立ち'の感情があるのに気がついたとします。いわゆるハイマンの「逆転移」の認識で

す。一方治療者が見たところその患者は，先ほどから不快に違いない経験を穏やかな口調で話しています。治療者は自身の中で「投影同一化」というコンセプトと面接室の現象（自身の中の'腹立ち'の感情と患者の穏やかさ）を並べて，自分の中にある'腹立ち'は患者が「投影同一化」を使って治療者自身の中に押し入れたものだと結論づけ，自身の感情こそが患者の思いであると解釈します。

　これは単純化していますのでいささか乱暴に聞こえるかもしれませんが，これが逆転移を使う現代クライニアンの技法です。ケースメント（Casement, P. 2006/2009. p.49）はクライン派の理論に深く影響を受けているある人物が「あなたは自分の不能を投影している」とか，「私が指のうずきを感じるとき，相手は自分の不能を投影しているんだよ」と言ったという例を挙げていますが，これは演繹法のカリカチュアと言えそうです。

　硬直した使用に陥ってしまうとこうなってしまうので，クラインがこの種の逆転移の使用を認めなかったのはわかる気がします。「投影同一化」という彼女の新しいコンセプトが演繹法的に使われているからです。またハイマンも「投影同一化」というコンセプトを使いませんでした。これはハイマンもまたこのコンセプトが演繹法的に使われるのを好まなかったかもしれません。なぜならハイマンは「分析家の無意識が患者の無意識を理解するというのが私たちの基本仮説である」と述べ，「深いレベルでのラポール」，「分析家に抵抗として感じられるもの」（Heimann, P. 1950）と表現するにとどめていたからです。

b．フロイトの実践法

　注目すべきことですが，精神分析の創設期にはフロイトはその方法の原理として「帰納法」を使用していました。そこでは，直観が活用されました。帰納法が選択された理由の一つには，当時は信頼するに値する精神分析理論や他のこころについての理論がほとんどなかったことがあるでしょう。それゆえフロイトが自分自身で臨床経験の中からこころの真実を直に見出すことが積み重ねられました。そこでは，直観と呼べそうものが生かされています。

　たとえば，1900年にフロイトが3カ月間精神分析を行っていたドラ・ケースでは，第一の夢である「母親の宝石箱：家の中が燃えていて，父親と逃げ

出す」夢の分析を提示しています。

　その報告では，フロイトはドラに夢にかかわる連想を進めさせ，うながしや探索するための問いという働きかけを介して，夢の潜在思考を部分構成的に解読していきます。その作業過程でドラは7，8歳のときの自身の夜尿癖を思い出し，フロイトとそれについてのやりとりをします。ところが，フロイトはそこで唐突とも言える形で「今や，この夢解釈はこれで完了したように私には思える」と書いています（Freud, S. 1905. SE7. p.73）。

　この記載箇所には脚注が付いており，そこでフロイトは次のように述べます。

　　この夢の本質はおそらく，次のように言えるだろう。「誘惑はとても激しいのです。お父さん，私が子どもの頃あなたがそうしてくれたように，私を護って。そして私のベッドが濡れないようにして」。（同上）。

　ここでフロイトは，彼がそれまで解明した夢の機能に関する理論に依拠して細やかに構成していくやり方ではなく，夢の本質，そこにあるドラの無意識的願望を直観的にすくい上げました。

　実はこの方法は，それ以前に書かれた『夢解釈』（1900）の「イルマの注射の夢」にも著されています。

　「イルマの注射の夢」ではフロイトは自分自身の夢を提示し，その夢に出てきている諸表象を一つずつ取り上げ，それらの表象についての自らの連想を綴ります。それから突然に「私はこれでこの夢の解釈を完了した」と書きました（Freud, S. 1900 SE4. p.118）。「夢の結論は，いわばイルマの痛みに責任があるのは，私ではなくオットーであったとのこと」と要約されました。

　「完了した」という文の後にフロイトは，「夢解釈をなし遂げる間，夢の内容とその背後にある隠された思考の比較によって喚起されがちなあらゆる考えを退けておくことでの困難が私にあった。」と書いています。

　これは重要な記述です。フロイトは「困難が私にあった」と過去形で書いていますので，その困難を克服したことがうかがえます。フロイトはビオン流に言えば，「記憶なく理解なく」臨み，そこから直観したのでしょう。フロイトは潜在思考に関する夢理論からの既成のコンセプトを用いる演繹法を避け，帰納法を用い直観的に無意識的思考をつかんだのでした。

しかしながら、フロイトが精神分析理論を緻密に作り上げ、とりわけ構造論やエディプス理論を提示してからは、フロイトのみならず当時の精神分析家たちの精神分析実践が、精神分析での種々の既成のコンセプトを参照のための仮説にして分析場面の現象を理解しようとする「演繹法」に取って代わられるようになったのでした。さきほど取り上げたストレイチーの「変容惹起解釈」論文（1934）はその嚆矢であり、演繹法を定着させたものとも見ることができます。

とは言えフロイトは、1916年5月25日付のルー・アンドレアス‐ザロメ宛の手紙に「すべての光を一つの暗所に集中されるために、意味のまとまり、調和、修辞、そしてあなたが象徴的と呼ぶあらゆるものを放棄して、自分自身を盲目にしなければならないことを知っています」と書きました。フロイトは後年になっても、精神分析の技法の本質に帰納法があることを十分認識していました。

c．クラインの実践法

同様なことはクラインにも当てはまります。彼女は精神分析の方法的原則だけを頼りに、それまでほとんど形を成していなかった子どものプレイアナリシスをまったく独自に開拓しました。

アブラハムやフェレンツィが認めたように彼女は観察力に優れ、鋭い直観を有する類稀なる人でしたので、その直観を活用した帰納法的アプローチからプレイアナリシスを創造したのでした。そしてその方法は変えませんでした。1958年のセミナーでクラインは「1926年以降これまで、私の技法に基本的な変化はありません」と言っています（Klein, M. 1958/2017）。ちなみに1926年とは「早期分析の心理学的原則」で彼女が自身の技法を発表した年であり、翌年1927年に「子どもの分析に関するシンポジウム」でそれをより詳細に述べました。

けれどもその一方で、その時代のクラインの置かれた状況からはやむを得ないことではありましたが、精神分析の世界で自身が認められるため、彼女は見出した臨床現象をフロイトの理論と折り合わせることにこころを砕かねばなりませんでした。

それは1930年代前半までのクラインの著述を読めば明白です。彼女は子ど

もの分析臨床での現象を，フロイトが提示した理論，たとえば超自我やエディプス・コンプレックスといったコンセプト，死の本能論等を参照仮説として併置することに細心努めています。けれどもクラインは英国精神分析での彼女の立場が確立されると，そもそもの直観を生かして臨床経験に戻り，重篤な病理現象から自分自身の独創的なコンセプト，抑うつと妄想‐分裂の心的ポジションの創成をなし遂げました。後年の彼女の理論のオリジナリティはクラインが技法では演繹法的アプローチに安住せず，帰納法的アプローチも堅持していたことから生まれました。

　ところが，その後の英国クライニアンは，フロイトの既成コンセプトの代わりにクラインの提示したコンセプトを参照仮説として臨床事象を理解する，という演繹法に固定化してしまいました。現代クライニアンの認識論に基づいた演繹法的アプローチについてはまた後に触れることにします。

d．ビオンの実践法

　精神分析の方法的原理のこの重要で深刻な問題に気がついたのがビオンでした。彼は1965年に「記憶と欲望」（Bion, W. 1965b）を講演し，帰納法で精神分析場面に臨むことを提案しました。これは当時疑問なく採用されていた演繹法的アプローチという精神分析技法におけるパラダイムシフトでした。ビオンは，明らかに初期フロイトが実践した帰納法への回帰，精神分析の方法の本来の姿への回帰を目指したのです。

　ビオンは1977年に出版された4理論書の合本『セブン・サーバンツ』に，科学的方法としての「帰納法」を提示した革新的な文であるフランシス・ベーコンの著書『ノヴム・オルガヌム』（1620）の中の「自然の解明と人間の支配についてのアフォリズム〔第1巻〕から，その「19」を加えました。そこではベーコンは真理を探究し発見する方法として純粋な帰納法を主張しますが，その一方で「感覚および個々的なものから最も普遍的な一般命題に飛躍し，それら原理とその不動の真理性から中間的命題を判定し，発見する，この道がいま行われている。」（Becon, F. Novum Organum. 1620）と述べています。

　これは帰納法をベースにした直観の使用です。これこそが実践的な方法であり，シャルコー，ポアンカレ，トロッター，そしてフロイトらの天才的発

見者が採っていた「アート」art と称されていた方法でした。ビオンは精神分析という実践場面での人のこころの真実の発見では，帰納法をベースに置く分析家による直観の介在が必要であることを述べ直しました。

とは言え，精神分析は何らかの苦痛を抱いている患者に関わり続ける臨床実践です。そこでは，述べてきた二つの方法，すなわち「知ること」を積み重ねていく「認識論」epistemology に基づく演繹法と，直観的にヌーメノン/本体を把握する，いわゆる「存在論」ontology とされる哲学を背景に置く帰納法が併せて使用されているというのが私の考えです。

後期ビオンの哲学

話はそれてしまいますが，ここで後期ビオン技法論にかかわる背景哲学に触れておきます。

前期と中期のビオンが背景哲学として「認識論」を置き，技法としては演繹法的アプローチ deductive approach を取っていたことは一般に受け入れられているように思えます。しかし，後期ビオンが直観を使う帰納法的アプローチ inductive approach を取っていたことは受け入れられてきているとしても，その背景に西洋哲学の伝統からの「存在論」が置かれているかどうかに関しては私論があります。

後期ビオンが背景哲学を変えたことは今日受け入れられ始めているようです。それ自体は『変形』において「K→O」から「O→K」に「頂点」（ビオンによる「視座」の表現法）を変えたことの記載に明白でした（Bion, W. 1965. chap. 11, 12）。

英国の精神分析家テイラー（Taylor, D. 2011）やビオン全集の編集者であるモーソン（Mawson, C. 2018, 2019）はビオンの背景哲学を「存在論」ontological philosophy であり，「実存哲学」existentialism であるととらえています。どうやらこれが英国協会クライニアンの共通認識のようです。

そこにはそもそも，ビオン自身がエックハルトや十字架のヨハネを引用していることの文脈に倣ってからか，西洋史の中で形成された，アンセルムス Anselmus, C. やアクィナス Aquinas, T. らの，知ろうとするいかなる試みでもけっして到達できない神という存在の証明としての西洋の伝統的な「存在論」が想定されていましょう。そこには，知ることでは知りえない

が，神は絶対的に存在するという主張があります。そしてそこから「知ること」knowing に対して，それは到達できないが確固として存在している「あること」being を本体とする実存哲学へと進んでいるように私には思われます。精神分析の世界ではウィニコットも，「あること」を実在化させているが到達できないものとしての「ほんとうの自己」true self を述べていますが，その「ほんとうの自己」もその存在そのものは確実にあるものであると実存哲学から思考しました。ここに展開している論理は，あくまでデカルト的二元論を基盤にしています。

　しかしながら，それらは，ビオンの言うパーソナリティのO，絶対的真実，究極の現実とは同じではありません。ビオンのそれは，神のように確固たる存在ではなく，一過性に経験されるものに過ぎないのです。実際，ビオンはそれを表わす意図で，Becoming O とか at-one-ment（瞬間的な一体）と表現しています。ロペス - コルボは「Oは常になり続けるもので，今この瞬間のOは——ちょうど現在の時間のように——後のOではない。……Oはただなることができるかできないかの可能性にすぎない」(Lopez-Corvo, R. 2003) と表現しています。ビオンのOに関するこの見解自体がデカルト的二元論から外れています。ちなみにウパニシャッド哲学における真実は，「自己を通して流れる生の本質」(中村 1990. 9巻 p.714) であり，後期ビオンのパーソナリティ論に通じるものです。

　ビオンは精神分析臨床での中核的コンセプトである転移に関しても，「……フロイトが「転移」ということばを使ったとき，何を意味していたか。フロイトはことばを発明しただけではありません。それについて話すために名づけることを必要としているもの自体があると彼は確信しました」(Brazilian Lectures 1974 Rio de Janeiro 2. CWB.7. p.85) と述べ，「間のかけら」the bit in between (Brazilian Lectures 1974 Rio de Janeiro 2. CWB.7. p.85)，「通路に」in passage (The Tavistock Seminar Seminar 1. 1976. CWB9. p.10.)，「移行に」in transition（同左），「はかない」transient (Bion in New York and São Paulo. 1980. São Paulo. 3. CWB.8 p.335) と述べていることも，同様に転移現象が一過性にのみ経験されうるという質を示しています。

　このように，ビオンによってOと表現されているものは一過性にしかなれないものであるから，「あること」being とは明らかに質が異なっており，

西洋的な「存在論」や「実存論」とも異なるのです。
　それでは後期ビオンの背景哲学は何なのでしょうか。
　私は，それは東洋思想の根源にある「ウパニシャッド哲学」に起源すると考えています。ビオンは8歳までインドのパンジャブに暮らしました。精神分析を学ぶものなら，ビオンの8歳までのインド生活が，誰から見ても典型的な英国人に見えていたビオンの乳幼児期と小児期の思考基盤の形成に，あるいは彼のプロトメンタル・システムにどれほどの影響を残したかを考え，それが人生のある時点で形を成すことを想定するのは，あまりに必然と思われるに違いありません。アングロ - インディアンの母親（Vermote, R. 2019 p.6）や，とりわけビオンの乳母だった年配のインド女性 ayah からバガヴァッド・ギーター等から生まれた様々な昔ばなしや寓話を生後から聞かされてビオンは育ったに違いありません（Bion, W. 1982, Bléandonu, G. 1990/1994）。
　ロペス - コルボは次の記述もしています。「ビオンは仏教についてはまったく触れなかったが，彼がインド・パンジャブの英国人家庭に生まれたことを忘れてはならない」（López-Corvo, R. 2003, p.315）。ウパニシャッド哲学は日本を含む東洋思想に広く及んでいますが，この哲学に基盤を持つ仏教の中でもっともプラクティカルな思想を持つのが我が国の「禅」です。
　ここに後期ビオンの考え方や技法で禅を始めとする東洋思想に共通するものを幾つか挙げてみます。

1 ）ビオンが使った Not knowing や no memory no desire や negative realization, negative capability の not, no, negative という否定形，no, nothing はサンスクリット語の aum ですが，ビオンの否定形の使用にふくまれる豊かな意味は，「記憶と欲望についての覚書」（Bion, W. 1967c）の討議で多数の西洋人分析家がその使用を拒絶したように，西欧二価論理では矛盾でしかありません。グリーンは西欧論理に従いつつ negative を肯定的にとろうとする「The Work of Negative」（Green, A. 1999）を提示しましたが，その論理構成には無理があると私は感じます。
　しかし，インド思想では「無」には4種類があり，その一つが「未生無」です。未生無とは，あるものが現在はまだ生起していないことであり，未来の有なのです（中村 1968）。この「無」をビオンは覚えていたのでしょう。「東洋的無は，何もないという純粋にネガティヴな

発生論的状態とは異なる」(Izutzu, T. 1977. p.82) のであり，ビオンのnegative や no の母体はその論理にあります。

　それは，新カント派哲学者ヘリゲルが弓術を通した禅修業から学んだ，「無，全て有るものでもある無に出会う。無によって呑み込まれ，無から再生するのである」(Herrigel, E. Tr. by Hull, R. F. C. p.95)，「無は存在の満たされた豊かさ」「無こそ究極の源泉である」(Izutzu, T. 1977. p.127) という禅の言説に通じるものです。これらの表現からビオンの「分析家の『盲目』をなし遂げる能力は，O における諸要素の進展を『見る』ためには欠かせないものである」(Bion, W. 1970 p.59) という記述までは決して遠い道のりではないでしょう。

2) ビオンの「記憶なく欲望なく理解なく」は，説明不要な程度に「無心」という日本語に交換可能です。禅でいう「a-thinking mode of thinking」(Izutzu, T. 1977. p.76) であり，道元が記した「自分自身の私を忘れること」（正法眼蔵 1231-1253）にそのまま通じます（同上 p.137-142）。鈴木は無心を「無意識に意識すること」(Suzuki, D. 1938/1940. p.70) と言い，「無心の境涯ということは，仏教独自のもので，またかねて東洋的心理の最も特徴とするところでないかと思う……欧米の人ではどうしても到り得ないところと信じる」(鈴木 1950/2000. p.212) と断言しています。ちなみにウパニシャッド最大の哲人ヤージニャヴァルキャ Yājñavalkya（紀元前750〜）は「何ものも見ず，嗅がず，味わわず，語らず，聴かず，思わず，触れず」と言いました（中村 1990. 9巻 p.453）。

3) ビオンによって「直観」intuition と表現されている非表象水準での気づきと東洋の「気」（ウパニシャッドでは「プラーナ/生気」prāna）を感知することは近似です。「気」が表しているものは，「気を配る」，「気をまわす」，「気に障る」，「気を吐く」という表現でわかるように非表象水準の心的活動であり，「気配」，「気色」は「直観」で感知されるものです。そうだとすれば，ビオンが「幻覚，あるいは幻覚症の状態を……常に存在する……」(Bion, W. 1970 p.36) と実感するに至ったとき，「幻覚症」とコンセプト化した感覚体験は，前述の非表象水準の「気」，「プラーナ」と通じるのです。

4）ビオンは「修練」exercise がこころの自由度を高めることを主張しています。たとえば，「分析家は自身に類似の練習を課すでしょう。それは自身の技量へのただ負担であるということではなく，直観力を鍛錬し伸ばす方法としてです。」(Bion, W. 1963/1997. p.21)，「この（精神分析的）ゲームの目的は，私たちの精神的な筋肉を鍛えることです。」(Bion, W. 1968a/2018. p.128) と述べています。ビオンの言う練習/鍛錬が精神的な筋肉を鍛え，こころを成長させることは，日本における武術から武道，生花から華道のように「技術」が「道」としてこころを成長させるその介在になるとの発想と軌を一にしています。すなわち，身体が関与する一つの物事に励み，その修練を通してこころを高次元に引き上げることという東洋的発想をビオンは持っていました。

5）ビオンは経験からの真理獲得の方法は，能動でも受動でもなく本質的には自生的なものであると言います。人間の根源的本性を徹見すること，ビオンの表現ではOになること，を仏教では「見性（けんしょう）」と言うのですが，鈴木（1950/2000. p.206）は，見性の体験は，「見るものもなく，見られる性もないので，そうしてそこに見性があるということがある」と述べます。それは「自生」です。ここにビオンと東洋思想の共通点が見えるでしょう。

　ちなみに，「自生」は中動態 middle voice で初めて適切に表現されえます。無や空，負に係るコンセプトは主語が過程の内部にあるため中動態があって初めて適切に表現できるのですが，ビオンは英語文法でそれを表現しようと努めたため，能動態 active voice と受動態 passive voice しか使えず，そこに伝達の困難さがあったと思われます。

6）ビオンはOや転移は，Becoming O とか at-one-ment（瞬間的な一体），あるいは「通路に」ある，「間のかけら」であり，「移行的な」「はかないもの」と表現しています。ここに見る一過性，はかない transient という表現は，仏教の無常観に根差した流転する万物のはかなさに通じるものがあります。西欧的存在論にみる恒久的なものとは異なります。ウィニコットも移行空間や移行対象を述べましたが，それらは外的でも内的でもないが第三の空間や対象として，心的発達のある時期に確実に存在しているという西欧思想に則っています（Matsuki, K. 2023）。しかし

ビオンが示したOは一過性のものであるとの発想は西欧思想とは異なり東洋思想に通じます。井筒は禅の見地からは，絶対的現実の非分節化された現象はメタフィジカルな閃光にのみ見出されると述べ，その表現で一過性を示しています（Izutsu, T. 1977. p.131）。

2．精神分析での分析患者のこころの真実を見出すための二つの道

これから精神分析における患者のこころの真実を見出すその二つの方法を，私の理解するところに沿って述べたいと思います。

それらはビオンの見解よりずっと妥協的なものです。しかしながら，この二つの方法の達成は私たちの日頃の自己鍛錬によってなし遂げられるのであり，それは精神分析の臨床家である以上鍛錬を続けることが必要であるとのビオンの指摘（Bion, W. 1965/2018）とは重なるものでしょう。

二つの方法，日本的表現を用いるなら二つの「道」を，より詳しくかつ実践的な形で提示してみます。まず，知ることを目指す方法から始めましょう。

1）知ること：無意識的空想を「知ること」をめざす方法

その原理は，認識論に基づく演繹法です。そして，この方法のキーワードは「無意識的空想」です。すなわち認識論を思想的背景に置き，無意識的空想を演繹法的アプローチによって「知ること」をめざした道です。

より正確に言うなら，患者の抱く内的世界のあり様を断片的に，あるいはまとまって垣間見せる無意識的空想を「知ること」を継続かつ漸進的に進めていき，やがて空想/内的世界の全体像をつなぎあわせて理解する道です。それは，患者の「無意識的空想」と表現される諸表象とその関係性（つまり，内的対象関係）とそれらが成す情緒的な物語りを治療者が知ることを，既知のコンセプト——たとえば，投影同一化や超自我やエディプス状況，羨望——を参照仮説としつつ，継続していき，想定されるその実体に近似していく試みです。

この方法の前提として，私たちは精神分析に関する知識，あるいはその患

者との過去の経験，さらにはスーパーヴィジョンの記憶から，私たちが前意識の中に蓄えている諸概念，コンセプトという一般化された知識が参照仮説として準備された状態の下にあります。無意識に，あるいは前意識に置かれた仮説の下に，私たちの注意をサーチライト様に漂わせる「自由に浮かばせておく注意」free floating attention によって獲得された現象から，無意識的空想を少しずつ読み解く方法です。

a．gleichschwebende Aufmerksamekeit

周知のように，フロイトが提示した精神分析家の臨床方法は gleichschwebende Aufmerksamekeit でした。このドイツ語は幾つかの英語に翻訳されてきました。

その中で私はこの「知ること」を目指す方法には，自我心理学のグリーンソン Greenson, R. やフェニヘル Fenichel, O. が採用した英訳語 free floating attention，すなわち「自由に浮かばせておく注意」をあてることが好ましいと感じています。そこでは，治療者は既得の知識に基づく前意識的な意図性をこころに置いています。その潜在的な意図から，サーチライト的に，あるいは獲物を探して上空を舞う鷹や鳶のように，浮かんでおく在り方です（松木 2012）。

一つのヴィネットを提示してみます。

その週の連続する3日目の朝のセッションに，ある30代の男性は時間通りにやってきました。緊張を含んでいますがいささかすました表情でいつものように挨拶もそこそこに，カウチに滑り込むように彼は横たわりました。

一息つくと，短い沈黙の後，私が促すまでもなく，彼は溜めていたものを圧し出すような勢いで話し始めました。

「今日は，この建物の入り口に自転車が停められていました。先生が，この時間の後に急いで別の仕事に駆けつけなければならないから，その自転車をあらかじめ用意しているのだなと思いました」と語りました。

極めて興味深い空想から今日の分析セッションが始まったと私は思いました。実際のところこの日は私には普段通りの日であり，急いでどこかに行く必要はなく，もちろんその自転車は私のものではありませんでした。ですか

ら，今現れ出たこの「あらかじめ置いている自転車」空想のもつ無意識のコンテクストに私の連想は広がりました。

　私の中に直ちに浮かんだのは，これまで幾度か語られていた，彼が幼い頃，夫婦喧嘩で家を出た母親に置き去りされ，ものすごい不安にさらされた経験のことでした。そこから私が派生的に思うのは，彼が今抱いている私に関しての空想は幼児期の彼の抑うつポジション水準の外傷的な喪失経験の反復強迫のようだという仮説でした。母親を表す私は彼をないがしろにして放り出すという，彼の転移空想が実在化していると私は思いました。私はこの仮説を裏づける素材を得ることは大事であると考え，私のこの見解を解釈することはせず，こころに置いたまま耳を傾け続けていました。

　彼は話を続けました。先日，仕事を早めに切り上げて以前から苦しんでいた腰痛の治療に行ったにもかかわらず，年配の男性整体師が彼を無視して帰ってしまい施術をしてもらえなかったというエピソードを，強い失望と不満の感情を織り込みながら語りました。

　このエピソードでは，彼の求めを無視して帰ってしまう年配の整体師として私が表わされているのは明らかに思えました。彼がこの日最初に語った私にまつわる「あらかじめ置いている自転車」空想とその基底にある彼の原初的不安についての私の見解が裏付けられたように思われ，そこで私は初めて二つのエピソードを取り上げて，私に向けられている転移についての解釈を始めました[註1]。

註1）提示した時期から4年ほど経って明らかになったのは，こうした理想的な転移解釈を私ができるように彼はそれに適した素材をそれとなく提供し，それによって私が好ましい解釈をおこない，私自身の達成に安心と満足を味わうことを，私に気づかれないように彼が密かにもくろんでいたことであった。母親との間でされてきたように，彼の密かな操作の下に，私が彼に操作されていることにはまったく気がつかずによい気持ちに浸ることを，彼は現実化してきていた。つまり，この時点で私が見出した転移現象とその理解は，私が彼との間に発見したものではなかった。彼の提示する素材や現象が，彼が想定している私の保持する精神分析理論に符合するように彼によって仕組まれており，この時点では実際私は，操作され誘導されていることに気づかず，私の既存のコンセプト，仮説に合う現象や素材を提供され，彼の想定通りにそれらを組み合わせて演繹法的に解釈を作り上げていたのだった。すなわち，こうした展開そのものこそが転移の本体だった。

b．内的分析設定と分析的態度

こうした無意識的空想を知るための治療者の「内的分析設定」と「分析的態度」はどのようにあるのが好ましいのでしょうか。

治療者の「内的設定」としては，中立性や受け身性を患者に向け自身の感情を排除している非人間的な姿勢と捉えてしまうような姿勢ではなく，分析患者からの投影同一化の受け手としての「能動的な受入れる用意」active receptivity（Spillius, E. B. 1988. p.5）を備えた姿勢が必要でしょう。この内的設定は，子どものプレイアナリシスでの子どものプレイに，行動としてではなく思考や感情というところで臨機応変に応じる治療者の内的設定に近似しているものではないでしょうか。

次に「分析的態度」に関しては，フロイトが「自らの感情のすべて，人間的な同情でさえも脇に置いて，手術を可能な限り上手に行うというただ一つの目的に自らの精神力を集中する」（Freud, S. 1912）という，自己統制を完璧になし遂げた「外科医の態度」ではないのです。クラインは分析的な態度を「患者への人としてよい態度」と述べました（Klein, M. 1936/2017. p.30）。クラインのそれは，情緒的な応答と結びついた情緒的に距離を置いた態度，真実を十分に見つけ出したいとの欲望，それが何であろうと耐えておく能力と，三点に分けて言い換えられ（Klein, M. 同上. p.52），さらに「人としての親しい感情と善意の態度と人のこころの働きへの真の深い敬意」（Klein, M. 同上. p.30）を含むものです。

分析的態度に関しては他にも，サンドラーが提示した，しばしば分析患者が治療者に強いるか，強いようと試みる役割に沿うことを分析家がある程度は受け容れたり（あるいは，防衛したり）する，治療者のいくらか能動的な共感の下での患者への「自由に浮かばせておく対応」free floating responsiveness が準備されている態度もあてはまりそうです（Sandler, J. and A-M. 1998. p.51, 65）。

c．分析の方法と分析家の機能

「分析の方法」は，先ほど述べた「自由に浮かばせておく注意/自由に漂う注意」free floating attention です。それは，サーチライトのように，あるいは空をゆっくりと旋回している鷲のように，焦点を向ける対象を意識的前意

識的に探索していきながら，万遍なく探索する注意のあり方です。ここにおいては，治療者が保持している仮説が焦点化の範囲をいくらか限定させています。

　ちなみにそれをベルモートは「水平自由連想」horizontal free association と表現しています（Vermote, R. 2020）。それはこころの無限領域に入るのではなく，有限な領域（意識と前意識）と有限と無限が混在している領域（前者に無意識の一部を加える）に繰り広げられる治療者の連想を描いています。

　この方法を使うときの「分析家の機能」は，患者の自由連想や振る舞いとそれらへの分析家の反応から無意識的空想を理解していく作業を進めるためのものですが，その機能の中には，とりわけ患者の攻撃性・破壊性を受け取り生き残るためのこころの作業，すなわち生き残ることに関わるウィニコットの言う「ホールディング」，あるいはスィーガル，ローゼンフェルドの言う「コンテインメント」が含まれるでしょう（Segal, H. 1977, Rosenfeld, H. 1987）。

　どちらも，患者からの投影物をその内に含まれる攻撃性に破壊されることなくもちこたえて受け容れますが，そこには情緒的に我慢するだけではなく，「理解すること」が大きな役割を担っています。加えて，後者「コンテインメント」では投影物や無意識的空想に関して治療者が理解できたものを言語化し解釈する機能も含まれます。

　こうして無意識的空想の転移を理解した上での，今ここでの解釈を通した部分的な解明が積み重ねられて，その実態が浮き彫りにされます。そして，おそらくそれはクラインでは，乳幼児期の乳児の母親への作用に基づく相互作用的状況についての視覚イメージ断片を，変更を加えながら根気よくつないで構成し動画化していく作業に近いものでしょう。

d．臨床例

　繰り返しますが，この「知ること」の道は，方法論としては「演繹法」です。クラインの「リチャード・ケース」（児童分析の記録 Klein, M. 1961/1975）を読むと明らかなのですが，精神分析の理論や概念という仮説を意識や前意識に並置しながら，分析場面に発生する出来事を読み解く方法です。私が思

うに，この演繹法は患者のこころの真実に到達するための近似法[註2]であり，

註2) 近似の活用と「補間」，「粗野な概念」。近似 approximation について説明しておこう。近似値で補間するその例として，円周率πがある。π ≒ 3.14159265358979323846…と，円周率πの正確な数値は循環もしなければ終わることもない数値である。ゆえに何かの機器——たとえば，球形の電球——を製作するに際して，その計算でπを正確な数値で処理しようとすると，処理不能といってよいほどの途方もなく煩雑な計算を強いられることになる。ゆえに不正確を承知で，その機器製作に差し障りのない誤差を含む数値を使う。たとえば，3.1415である。この3.1415が近似値であり，πを近似値3.1415で補間したことになる。
　この考えを分析臨床場面での私たちに浮かんでくる思考にあてはめてみることが，私のいう近似の活用である。
　分析空間で私たちが患者の現象に向き合いながら，連想，あるいはもの想いしているとき，私たちの中に何かが直に感知され浮上してくる。その何かとは，たとえばことばの断片であったり幾何学模様の視覚イメージであったり，過去のある場面であったり，その場にはない音や臭いの想起であったりする。このダイレクトな感覚体験は，現象に直に対応した私たちの原初的な思考 primitive thoughts であると考えられる。つまりβ要素，α要素，あるいは夢思考・夢・神話水準の思考の断片である。
　これらの思考は，このままでは私たちの内側からはかなく消えてしまう。それは考えられないし，ゆえに無意識に戻ってしまう。それでよいときも多いのだが，それでも私たちはこれらの現れてきた原始思考を思考しようともしてみる。つまり私たちのこころで，可能ならこの原始的な思考を的確な概念に直観的に変形しようと試みる。なぜなら，そうすることが患者についての的確な理解につながりそうだからである。しかしながら，このとき的確な概念化が実現しないことが多いものである。その一方，分析過程は，当然のこととして，感知のこの時点からさらに動いていっている。
　こうしたとき認識論的な視点から，私たちが的確な概念やコンセプトではないと知っているが，とりあえず何か関連ありそうな概念，コンセプトを参照に置いて意識化し補間しておくことが，それからの分析過程を理解するのに役立つと考えられるときがある。すなわち，その時点で私たちに連想されている概念の中で，いまだつかめていない的確な概念にどこか近いと思える概念を代理として置いて，私たちの中で仮に使用することにする。そうすることで無意識の流れも意識の流れも，それぞれに流れていくようにしておく。
　この代理の概念——それを私は，「粗野な概念」wild conception と名づけている——が近似値であり，この方法が，「近似値での補間」である。この場合，重要なことは，それが近似値であること，つまり的確な概念ではなく，粗野な概念であることを私たちが十分に意識化しておくこと，とらわれずにただ置いておくようにしておくことが肝要である。それは，粗野な概念を使用しているとはいえ，本質的にはその現象をいまだ未飽和な状態に置いておき，いずれ的確な概念で飽和されることが目指されていることを周知しているからである。そして来たるべきときに粗野な概念は，的確な概念に直観的に置き換えられるかもしれない。
　近似値としての粗野な概念の使用は，それによって患者が表している現象の真の理解に到達する前にも，私たちなりに現象に関する一応の仮説を形成させる。それは演繹法を用いた認識論からの一つの到達点である。
　述べてきた近似値の活用を図式的に示すと次のようである。
　全体としての現象 → 原始的な思考 ⇒ 粗野な概念 ⇒ 的確な概念
　　（→は外界のものの変換，⇒は分析家の内界での変換）

無意識的空想の近似的理解が成就されることに留まります。ビオンの表現を使うなら，「K → O」は起こりません。

　その分析患者は30代の男性で，乳児期に両親が離婚し，母親に育てられました。これから提示するセッションではまず私の勘違いがありました。私はその日4連続の精神分析の二人目が彼であるにもかかわらず，最初の一人目が彼だと思い込んでいました。それゆえ彼の前の患者が突然のキャンセルをしたために空いたその時間を，彼が来なかったと思って過ごしました。彼との前回のセッションのとき，次週のこの曜日のセッションを私が都合でキャンセルするとの伝達を，今日と彼が思い違いしたのだろうと私は思っていました。そうした間違いをするほど，前回のセッションは彼には重く感じられたのだろうとも思いました。

　果たして，次の時刻に彼は時間通りに現れました。私は玄関口から入ってきた彼を見て，そのとき初めて自分の思い違いに気づきました。それは内心の強い衝撃でした。「ああ，何かわからないが，私の逆転移だ」と私は思いました。

　いつものように彼がカウチに横たわり，そのセッションは始まりました。2, 3分の沈黙の後，おもむろに朝見た夢を彼は報告しました。

　　夢：私はこの分析室でカウチに横たわって，眠くて寝ている。とても気持ちよい。しかし，こんなにしていなくて起きなくては，と私は思う。そこで起きようとする。しかし先生は私の肩にやさしく手を当てて，寝ていてよいと言ってくれる。私はとても安らぐ。
　　次には，カウチに幼い子どもが横たわっている。顔色がひどく悪くほとんど死んでしまっているように見えた。私は気づいて，その幼い子を急いで病院に連れて行く。しかしその子はすでに死んでいた。病院では治療ではなく，奥の方で医者が検死をおこなっており，その子の頭を開けて脳を取り出し，それからまた頭を閉じて私にその遺体を戻した。私はその子が私の次男であることに気づき大きなショックを受ける。

　彼は沈黙に戻りました。私が連想を尋ねますと，彼は，夢から覚めて朝起きたとき，すごく後味が悪かったと語り，沈黙に戻りました。

強い不安を含んだ彼の夢を聴きながら，夢の前半部分の分析室での彼と私の在り方はこれまでも夢として報告されていたことを私は想起しました。しかし後半部はこれまでになかった内容でした。思うに，夢のこの前半と後半が無関連なはずはなく，前半の安心と後半の不安という対照性がその関連の一つであろうと私は見ました。そこから私は夢の理解に取り掛かり，私が感知した次男という珍しい対象の出現に注目しました。

こうした理解を試みる過程でもっとも私に印象深く，かつ疑問を感じさせたことが私の中で思考のつながりに連結していき始めました。

これまで彼は小学生の長男を彼自身と重ね，いつも不安な思いで見ており，その長男についての不安はこれまで多く語られてきていました。けれども次男に言及されることは極めて稀で，次男は活発で元気であること以外はまったく語られていませんでした。それから私はちょっと迷ったのですが，まずそこに焦点を当ててみることにしました。

私は「その夢の後半に登場したのは，あなたの長男ではなく，次男でしたね」と彼に伝えました。

彼は私の問いから連想を広げ，最近次男が彼の横で寝ること，それは母親の横が長男に占拠されているからであること，昨夜もそうだったことを語りました。確かに自分は，生まれたときから長男には大変な思い入れがあるのだが，次男にはまったくそれがない。自分でもそんなことではいけないと思っているのだが，と悔やむ思いを彼はひとしきり語った後，次男は元気で伸び伸びしていると語っていきました。

彼の新しい連想から，無意識的空想に基づく彼のこころの状態についての私の仮説を提示しようと次の解釈を行いました。この時点では仮説であり，解釈内容の確実性というところでは，私には不確実さが明瞭に感知されていました。そこでこの解釈には婉曲な表現が入りました。

「その夢は，次のことを表しているのかもしれません。それは，この分析では今も，夢の前半のように，私があなたの大人の部分には親切でていねいに対応していますが，夢の後半に次男の姿で現れている，あなたの幼児の部分を私がまったく相手していなくて，それでもはやあなたの幼児の部分が死んでいるとのとても深刻な事態にあるとのことを，あなたが私に伝えているのかもしれません。」

この解釈では明らかにクライン派のこころの発生と構造のモデルを置いて私は「大人の部分」、「幼児の部分」というコンセプトを使っています。
　彼は応答しました。「確かに，私が先生に抱えてもらって世話してもらっていると感じています。ここで安心しています。……しかし，自分でも，子どもの部分が何を求めているのか，わからない……」
　彼の反応は，彼が安心感を考え始めていることを示していました。彼は沈黙に戻りました。私は発生的な視点に注目して彼の乳児期の別離体験を思い浮かべており，それを参照に置いて解釈をしています。
　「子どもの部分のその考えられなさが，検死で子どもの脳が取り除かれたことに表されていたのかもしれませんね。」
　それから幾らか沈黙を挟みながら，私との間で安心しているとその後悪いことが起きるという恐怖，それに確信があることを彼は語っていきました。それは，最近の彼の切迫した不安であった，突然私が彼を置いていなくなってしまうということにつなげて語られました。聴いていた私もそれを内側で連想していました。
　それから彼は，祖父母との間では，ほんとうに頼って安心しきっていたと思っていたけど，ほんとうはそうではなかったのだろうか。先生との間でもずいぶん安心しているけど，祖父母のときの安心とは違っている等，連想を続けました。
　祖父母への言及が伝えているのは，彼もまた明らかに乳児期の別離体験を思い浮かべていることでした。私の注意は，祖父母との間は絶対的に安心のあるものとこれまで彼が語っていたものが変化し始めていることに向きました。
　続けて彼は，長男と次男への彼自身のかかわり方があまりに違っていることにも言及しました。それが夢の中の次男の死に何かつながっているようにも思うことを語りました。
　このときの彼の発言は，私の中に，長男に関しては不安であって負担でもあるが，それはそれ以上には不安をかき立てない。一方次男は元気で安心できるが，夢で見た青天の霹靂のような恐ろしい恐怖が起こるに違いないという，彼が抱いているように思える無意識的空想の物語りを生成させました。
　こうした彼の連想を聴きながら，このセッションの開始前に「彼が休ん

だ」とどうして私が思ったのかとの思い違いに私の想いは向かいました。この時点でそこに私の注意が向かっていっていること自体，彼が今提示しているものに何か関連があるのだろうとも思いました。

　実際彼が戸口に現れたときに，ああっ彼だと私は内心驚きましたが，それが私の表情にも出ていなかっただろうかと改めて思いました。以前別の患者との同じような場面でそれが表情に出てしまい，その患者からの非難に長くさらされ，うんざりしたことも想起しました。そして今回は表情に出なくて大丈夫だった，と私が思い込もうとしていることにも気づきました。これ以上，このことを探求したくない気持ちが私にありました。認めたくないことでしたが，彼の変わらなさにうんざりしている私がいるのでした。

　こうした私の逆転移は，彼は気が重くて来なかったと考えた私こそが，彼を抱える気の重さを避けようとしていることを伝えているのだと私は思いました。そこから私は自分が彼を，彼が長男を見るように彼の長男の自己部分を，見ているのだと理解しました。おそらく私の病理に基づいた，彼に無意識に投影同一化している私がいました。

　けれども彼の発言は，そこから一歩深く入りました。長男は心配されるゆえに安心がありますが，次男は見落とされていました。安心しているとその後悪いことが起こるという次男の自己部分の思いは見過ごされていました。こちらの方がずっと深くかつ深刻——もっと奥の乳幼児的な不安——なのでした。

　こうして明らかになったことがらを踏まえて私は，より明瞭になった彼の内的不安を，私という気がつかない対象，すなわち元気で優秀な彼に安心している内的母親対象，より起源的には，元気な彼とそれに安心している祖父母/母親との関連で次の解釈を伝えました。

　「あなたが今日語っている，安心するとその後絶対に悪いことが起こるというとても恐ろしい確信こそが，あなたの子どもの部分が私にわかってもらいたいことなのではないでしょうか。それがまさに夢において，前半と後半という二つの場面で示されていたものなのでしょう。そもそも元気な次男に表されているあなたの子どもの部分の，私に目をむけられていないで，死んでいる思いそのものなのでしょう」。

　こうして私は，セッション後半では夢にかかわる解釈の内容を変えました。

夢の内容からより深い不安にターゲットを置き，より確実な理解を彼と分かち合おうとしました。

彼は「そうかもしれません」と答えて沈黙しました。

その空気は重いものでした。彼は，ときどきするように分析時間の終わりを意識し，私が終了を告げるのを待っているようでした。私は黙っていました。私は内心で，彼の次男の部分とどうかかわれるだろうかと思っていました。やがて彼は口を開いて，私に対して安心感は増しているのだが，だからかもしれないと語りました。やはり，空気は重く感じられました。それから少し間を置いて，私は終わりを伝えました。彼は慣れた動作と感じさせる動きで身を起こしました。

追記しますと，この後半の理解——いつも頼りなげで不安げな長男部分ではなく，元気で伸び伸びしている次男部分にこそ，彼の深く深刻な不安があること——をよりはっきり情緒的に実感したのは，セッション終了後に振り返ってみたときだったのでした。

この認識論に基づいた演繹法的アプローチで無意識的空想を知ることを目指した方法は，特にそれと意識されることなく現代の自我心理学派やクライン派が普段に用いていると私は考えます。米国の自我心理学はフロイトの構造論からのコンセプトを仮説として並置する演繹法を使うようになりました。

e．クライン派における認識論に基づいた演繹法的アプローチ

ここではクライン派の流れを少し追ってみます。

そもそも精神分析は「無意識を意識化する」ことを目的にしました。クラインはそれが対象関係や欲動，防衛システムも含む「無意識的空想」を知ることであると改めて認識しなおしました。その「無意識的空想を知る」という考え方とその技法は広義の英国対象関係論者において広く共有されました。よって，転移を介して患者の無意識的空想を知る方法が，対象関係論者での分析的探求の基軸に置かれ続けています。

ここで強調したいのは，無意識的空想は五感によって生成された内的体験ですが，クラインが子どものプレイアナリシスから，大人の分析では夢から見出したように，無意識的空想は視覚表象がその中心にあることで

す。クラインは転移を分析患者の人生史の空間的時間的な「全体状況」total situation ととらえ，そのことを踏まえた分析場面に現れる転移現象の細やかな理解が無意識的空想の解明をなし遂げる，と主張しました（Klein, M. 1952b）。

クラインの技法を独自に推敲したのがジョセフです。無意識的空想は，意識的無意識的に分析関係の今ここで，患者が治療者を巻き込んだ二人の関係を言語的非言語的に構築するその仕方において，ヴィヴィドに実演されるというものです。無意識的空想は，患者の言語と非言語的コミュニケーションとして現われ，それに反応して治療者の中に引き起こされた逆転移反応を通してもエナクトされます。

その相互作用を細やかに観察し解釈することで，治療者は，患者のこころの真実，すなわち内的世界を表象する無意識的空想の性質とそのダイナミックな状況を精密かつヴィヴィドに知ることができる，というのがジョセフの見解です。ジョセフは分析実践での認識論の追求，すなわち「知ること」の洗練を試みました。

それゆえにここで注目すべきは，ジョセフが転移を，患者によって「転移が能動的に使用されていること」'how the transference is actively being used'（Joseph, B. 1985. p.157）と述べ，逆転移をハイマンに倣い，「分析家の中に生じる感情である逆転移」'countertransference, the feelings aroused in the analyst'（同上）と定義していることです。つまり転移も逆転移もほぼ意識水準か，意識化できる無意識の浅い水準のものであり，「知ること」が達成されやすくなります。それはクラインが最深部の無意識に触れようとしたこととはかなり異なっています。

ジョセフの次世代，次々世代の英国協会クライニアンはジョセフの技法論を踏襲しています。たとえばテイラー（Taylor, D. 2011）は，ベルモート（Vermote, R. 2011）が主張する，後期ビオンはT（K），つまり知ることの追求からT（O）というOそのものの追求に変わったという見解に対して激しい批判をしています。

そこではテイラーは認識論/知ることの立場から，それ自体がまったくの誤認なのですが，後期ビオンのOを，being，すなわち「実存」と位置づけています。それゆえに後期ビオンを「グノーシス主義」や西洋的デカルト的

二元論から「気まぐれ」「存在論的パワー」と表現します。オーショウネスィ O'Shaughnessy, E.（2005）も後期ビオンを，彼の思考の驚くほどの一貫性は，K link——知ることの本能——への関心に基づいていた（p.215 著書）が，ビオンの考えることは規律を失い始め，言葉はその質に欠損が出てきたし，規律や境界が失われていると強く批判します。

彼等は認識論での演繹法的アプローチに固執していますが，そのことにまったく気づいていません。後期ビオンが背景哲学においてパラダイムシフトし，それゆえ方法も帰納法的アプローチに変わったことに，盲目の目を向け続けるだけでそれを認められませんでした。

しかしながらすでに述べてきましたように，フロイトもクラインも精神分析の方法に，そのもう一つの方法を使っていました。それをこれから述べましょう。

２）知らないこと：こころの真実を直観する方法

私たちが患者を理解し，その理解を分かち合う方法は，転移体験の中でその患者についての無意識的空想の細部を把握する作業によって，患者が投影しているものを理解し，患者自身にそのピースを解釈によって戻し，患者の内で結合させる過程を重ね，患者が自身の生の苦悩の真実を知っていく，という「知ること」の追求だけではないのです。

そうではなく，そのプロセスにいながらも，わからないままに私たちは，あるときに突如として患者の抱える苦痛の真実を直観するときが訪れるのです。ある瞬間に，どのように彼/彼女が何をどのように苦悩しているのかを，はっきりとした実感を伴なって一挙に知るのです。

分析過程において方向性を見失った，あるいは感情の制御が失われていると感じるようなあるときに，無意識に「選択された事実」[注3]としての，ある

注3）ビオンは「選択された事実」について，ポアンカレ Poincaré, H. がその用語に関して「美を求める心，宇宙の調和に対する感覚が，この調和に貢献するのに最適な事実を私たちに選択させる」と解説している（科学と方法 1908 訳書 p.25）中で「美を求めるこころ」と表現したアート的な感性を重要視していると思われる。ビオンもポアンカレも「アート」art ということばで表しているが，それは五感を越えてつかむ達人の技芸を言語化する試みだったのであろう。

そしてそこからポアンカレは「潜在的自我が，その微妙な直観によってこれらの組み合わせが有用なことを洞察して，それ以外のものを作らなかった」（訳書 p.29, 30），「突如として啓示を受けることはある。しかし，それは無意識下で思索的なずっと継続していたことを意味して

いは at-one-ment（瞬間的な一体）としての，患者の絶対的真実を私たちは直観的につかみます。意識的前意識的なきっかけを持たず，あるときそれが湧き上がってきます。

　その日の彼女はいつもするように，すでに彼女の頭に配置されていただろう概念を並べていきました。
　十五分がすぎました。しかしふと気がつくと，彼女の様子が違っています。どうしたのか，いつもと違いイライラした気分がことばの端々に感じられます。そして遂に彼女はことばに出しました。
　荒げた声でした。「もう我慢できない。私は我慢できない」と，身体が起き上がらんばかりの体勢になっていました。右手はにぎりこぶしで白色となり震えてもいました。私は，突然に彼女が起き上がって私を襲って殴りにくるさまをいつのまにか空想し，恐怖に怯え身を引き身構えていました。彼女は「なんで……。なんで……」と言い続けています。声には怒りがありますが，泣いているようでもあると私は感じてきました。
　私は，この場面が何なのかわからないと感じながら，沈黙したまま過ごしました。そうしながら私の目に入るものが浮かび上がっていきました。横になったまま怒り泣いている女性，寄る辺なくじっと座っているだけの私，2人だけしかいない狭い部屋。
　私はふと，外の通りの物音とともに，酔っていると思える男性の声が外から聞こえていることを意識しました。そう言えば，今日は先ほどからこの声が聞こえていたと私は気がつきました。彼女が今見せている様子はこの酔った男性の声への反応であったのかもしれないと私は気づくとともに，ある場面が自生的に想起されました。
　それは，彼女がかつて語った幼いころの幾つかのエピソードの一つでした。何があったのか，彼女にはよくわかりませんでしたが，母親はひとり伏せて泣いていました。母親は泣きながら，「なんで……」と言い続けていました。「もう我慢できない」とも言いました。ひどく怒ってもいるようでした。
　薄暗いその部屋にひとり，母親と一緒に彼女はいました。けれどもどうし

いる」（p.61, 62）と言う。ポアンカレは明らかに，特異な感性や無意識的思索からの直観を用いる帰納法に言及している。

ていいのかまったくわからず，彼女はただ身を固くして，そこにじっといたまま事態を見守るだけでした。襖を隔てた隣の部屋では父親がテレビを見ながら，時に声を荒げていました。父親はいつも酔っていました。

その夜が更けてのことだと思うと彼女は言っていましたが，母親に手を取られて，踏切にじっと立っていたのを覚えていました。列車が何本も通り過ぎるのを見ていました。通り過ぎる時舞い上がる風でひどく寒くて，スカートは嫌だと思ったことを覚えていると彼女は語っていました。

私は突然，今のこの分析の場面こそがその話そのものであると直観しました。

彼女はそのときの母親であり，私は幼い彼女自身なのです。そして表通りの酔った男性は父親です。これは彼女によって必ずしも考えられているとは言えない思考であり，面接室全体を使って物語りの形式を保ちながら視覚化されて思考が表現されている，転移の実在化です。表されている思考をより高位のコンセプトに収めるなら「絶望的な孤独」と表現できるだろうと私は感じました。私が解釈するとしたなら，「今，あなたは私といるのですが，しかし孤独，絶望的な孤独にいるようです」と分節化した表現で伝えられるかもしれないとも思いました。

a．gleichschwebende Aufmerksamekeit

フロイトの精神分析の方法 gleichschwebende Aufmerksamekeit が帰納法と認識できる場合，英訳としては evenly suspended attention すなわち，「平等に浮かんで漂う注意」をあてます。その方法は，意図性を残さず自身の注意をまったく宙に浮かせ，どこにも向けないままにしておくことです（松木 2012）。そこでなされるのは，西洋哲学で表すなら存在論（本体論）的な達成です。

これがもう一つの道です。すなわち，分析患者のこころの真実を「知らないこと」に留まっている道です。後期ビオンが示したのは，この道でした。

b．内的分析設定と分析的態度

この方法での治療者の「内的設定」は，ビオンの言う「もの想い」の深い水準です。こころに浮かぶ原初的思考を視覚像のまま浮かばせ，それを理解

できるより成熟した思考に変換しようとするのではなく，わからないものをわからないものとして浮き沈むままに漂わせるこころです。そのこころは我が国のことばでは，「無心」とも言い換えられるでしょう。

　ここに臨床ヴィネットを示してみます。
　第1回目の対面でのアセスメント面接の後，第2回目のセッションで初めてカウチに横たわったその女性は，顔を残した全身をすっぽりと覆うように掛け布をていねいに被いました。微妙に身体を動かして調整した後，その動きを終え，そのまま沈黙しました。
　それは性的な誘惑に見えたかもしれません。見ようによっては，そうだったでしょう。それは私を誘っています[註4]。そして同時に私にはそれは，蓑虫がその蓑の中にすっかり身を潜めて堅く防御しているようにも見えました。それは，実際はそうではないにもかかわらず，蓑の中に頭からすっぽり埋めた姿を思わせました。……'人生とはつらいものだ'。ふと私はそう思いました。
　彼女は沈黙を続けました。何もことばを発しませんでした。というより，彼女は何かを言おうとまさに口を開こうとしたところで，その動きが止まり，固まりました。何かが緊迫していました。しかしそこから次の動きは起こらず，その緊迫は弛まないまま，話そうとする動きはほとんど跡形なく消失しました。声のない叫びが私の視覚に残され，声にならなかったことばは私には聴き取れませんでした。
　それは繰り返されました。彼女は何度か話し始めようと試みては，その動きは消失しました。緊迫だけがはっきり残っていました。それは，私を巻き込みました。けれども，私の中には何も産み出しませんでした。えもいわれぬ不気味さ，という感覚を除けば，でしたが。
　話そうとする動きが消失した後，彼女が声をあげてクッ，クッと笑い始めたとき——その笑いは楽しげでありましたが，悲惨な叫びのようでもあり，また異界からの魔の声のようでもありました——に，私はすでに見知らぬ不

註4) この性的な誘いという感触は，終結期に語られた発言の中で肯定された。「台風はその目に入れば無風になって暴風雨にさらされなくなる。あのときは，先生が横に入ってきてくれることを望んでいた」と彼女は語った。

気味な世界に自分が置かれていると感じないではおれませんでした。

　それは，「幽閉されている」という視覚的感覚に適うものです。瞬時，私は私の過失――初めの見立ての失敗――を思っていました。室内の緊迫には，すでに不可解さが十分加味されていました。しかし，それにしても，何故「幽閉されている」感覚なのでしょうか。

　笑い終わった彼女は，またもや固まったようです。動きは消えました。しかしそれは何も起こっていないということではありません。彼女は，再度，口を開こうという動きを取り始めました。予兆として私に感じられたのは，これからの分析過程に未知の陰鬱――形のない幾何学像――が，私を待ちかまえていそうな空気でした。

　そこでの「分析的態度」はフロイトの言う「ブランク・スクリーン」，「自らを敢えて盲目にすること」であり，ビオンの言う「記憶なく，欲望なく，理解なく」，not knowing，「知らないままでいること」，「まったくの暗黒の光束をあてること」です。ここにはその分析的態度の背後に「ネガティヴ・ケイパビリティ」が分析家の機能として要請されています。

　より私たちの体験感覚に則して述べるなら，「無心」を通して「空(くう)」であろうとするこころの姿勢（西平 2004, Vermote, R. 2020, 松木 2021c）です。ウィニコットが述べた「分析は単に技術的な実践ではない」（Winnicott, W. 1954）とは，こころの鍛錬による分析的態度としてのこの「無心」の達成を含めていると私は思います。

　ビオンが語った「私たちの心的筋肉を鍛錬すること」（Bion, W. 1968/2018）によって，「見えていたものを見えなくすること」を通して「『見る』こともできるし，『見ない』こともできるようになる」のです（西平 2019）。それによって達成されるのは，ビオンの言う「双眼視」binocular vision，すなわち片目は視力を保ち，もう一方の目は盲目であることです（Bion, W. 1977）。

　おそらくそれは，世阿弥の技芸論では「離見の見」を備えた「二重の見」（西平 2019, 2021）であり，「地」ground と「図」figure それぞれが切り離されてしまうのでもなく，埋もれてしまうのでもありません。「地」と「図」は「二重写し」に見られています（井筒 1983, 西平 2021）。ここが「地」と「図」を識別する「フィールドセオリー」が届かないところです（例えば

「ルビンの盃」の二つの像のどちらをも同時に見ること）。この達成があって初めて，次に述べる分析的方法が実践されます。

c．分析の方法と分析家の機能

既述したように「分析の方法」は，「平等に浮かんで漂う注意」evenly suspended attention です。注意をどこにも向かわせようとせず，宙づりのままにしておくのです。その注意は何もはっきりと意識化させることにはなりません。

これは日本的な表現では，前田重治の「無注意の注意」と言いかえることができるでしょう（前田 1999）。ベルモートはそれをこころの最も深いところ，有限と無限の混合領域を越えてさらに深い無限領域に届く自由連想という意味で，「垂直自由連想」vertical free association（Vermote, R. 2020）と呼んでいます。

この内的設定と分析的態度と分析の方法の実践では，多様なものを明瞭に，あるいはうっすらと感知していくのでしょう。もしくは，感知した刺激は意味がわからない視覚像を浮上させることがあるでしょう。つまるところ「分析家の機能」は「知らないこと」を性急に既知の諸概念につないで安心（ビオンに言わせるなら，安心・安全としてのD）にしてしまわず，「知らないこと」，「わからないこと」にもちこたえていること（ビオンに言わせるなら，忍耐のPS）です[註5]。

そこにはキーツが表現した「ネガティヴ・ケイパビリティ」が求められます。その持ちこたえられていく分析過程の背景には，分析家の精神分析への「信」faith が置かれているのです。

そこにとどまっているとき，予測を越えたところで自生的に「at-one-

註5) クラインは，妄想‐分裂ポジション（Paranoid-Schizoid Position）と抑うつポジション（Depressive Position）という，革新的なこころの機能と構造のモデルを提示した（Klein, M. 1946）。両ポジションが乳児期のこころの原初的な組織化であるとともに，成長後も対外的な状況に応じて構えるこころの態勢であることを示した。その後ビオンは，このコンセプトを独自に変形させた。中期ビオンは両ポジションを記号化し，PSを断片，あるいは他罰的被害心性，Dを凝集，あるいは自責的内省と意味づけた。さらに後期ビオンは，PSを忍耐，あるいは未飽和，Dを安心・安全，あるいは飽和と意味づけ直し，クラインがPSポジションからDポジションへの変化をこころの成熟や健康さと見たのに対して，D（飽和）からPS（未飽和）に戻ることこそがこころの成長に不可欠であることを述べた（Bion, W. 1963, 1965a, 1967b）。

ment」（瞬間的な一体）が生じ，その分析患者のこころの真実，治療者には「選択された事実」が直観されます。すなわち，そこから突然の思考化——視覚像が瞬時に前概念もしくは概念の水準に変形されること——が起こるのです。その思考が分節化を経て，面接場面の分析的現象を伝える解釈に使用されます。

d．臨床ヴィネット

精神分析開始後3年ほどを経た頃です。やってきたその女性が使い古したスニーカーを履いていることに，玄関口で私の眼は強く印象づけられました。というのは，彼女はこれまで特定の革靴でやってきており，他の履物で来ることはまずもってなかったからです。

分析セッションが始まると彼女は，ようやく表立って活動するようになった趣味の交流の場から分析室に直接やってきたことを語り始めました。今回は彼女はその交流の場で，いわば，主役でした。彼女自身が普段着で今日分析に来たことに触れた後，さっきまでいた場所がタバコの煙がもくもくとたち込めたところで空気はすごく悪かったにもかかわらず，喉の弱い彼女が咳き込んだり喉の痛みを感じることがなく，とても気持ちよく過ごせたことを彼女は語りました。

また彼女は，面接室にタバコの臭いを持ち込むと私だけでなく，彼女の次に来る人も嫌だろうから，この面接前に消臭剤を買い求めてふりかけたことを語りました。ここには，彼女がそのくらい細かい配慮をこころがけている人間であることを示すという意図が含意されているという雰囲気がないでもなかったようでした。確かに部屋では，タバコ臭は私には気づかれませんでした。

先ほどまで過ごしたそうした場所にも少し慣れてきたと彼女は報告しました。そこで私は彼女が馴染んできた理由をひとつコメントしましたが，それはあまり意味がないものと伝えている私自身が感じるものでした。そこには，彼女の表わしているものについて，私がまだ考えられていないことが浮き出してもいました。確かに私は彼女のここまでの話が何を述べているのか，頭の中をまとめることができませんでした。

それから彼女は仕事の話を始めました。それは彼女の顧客である，ある女

性とのやりとりに関するものでした。彼女がその女性に何か不穏なものを感じ，その不穏さが彼女自身にも影響したという話でした。この話がなぜここに出てきているのか，私にはわかりませんでしたし，先ほどまでの交流の場の話とのつながりもわかりませんでした。つまり，考えられませんでした。それらを私の内側にそのまま置いておくことが，私にできることでした。

　ただ語っている彼女が，私から少し遠くに離れてきているとの私の感じを私は感知しました。話し振りに，'これは自分だけの体験であって！'，という人を遮る調子が感じられるものでした。私は〈あなたが，その女性の不穏さを自分の中に入れたようですね〉と私はコメントしました。彼女が見せていると私に感じられていた能動性を指摘したかったのです。

　私のこの介入に，彼女は頓着しませんでした。私もまた，私が考えられていないことを知っていました。彼女は話を続け，幽霊やお経といったことに進みました。

　そこまでもの想いを保っていた私に，それらは死や悪霊の迫害を連想させました。そこからこのとき，それをことばで的確に表現することはまったくできないことなのですが，私のからだの中での感電，攪乱，ほとばしりとでも言えそうな感覚を伴なって，突然として私の中に一気に浮かび上がってきたものがありました。

　そこで私は彼女に尋ねました。〈あなたのお父さんはタバコを吸っていました？〉

　〜父親は彼女の小児期に亡くなっていました〜。彼女はすぐに応じました。「ええ，ヘビースモーカーでした」。

　私の中では，スニーカーと普段着，タバコの煙る場所の楽しさ，面接の前にタバコの臭いを消したこと，不穏な女性，私から遠のく彼女，悪霊の迫害が，思うともなく一瞬の内に結びついたのです。

　一呼吸を置いて私は彼女に〈あなたは，先ほどまでお父さんの世界を子どもとして楽しんでいたのですね。でもそれは，ここでの私には隠していないといけないのでしょう。そうしないと，脅かす悪霊があなたの中に入り込んであなたを不穏にするのは避けられなくなってしまうのでしょう〉と伝えました。

　彼女は私の解釈を肯定しましたが，それから少しして黙り込んでしまい

した。そして気分が悪くなったことを伝えてきました。冷や汗が出ている，このままでは吐き気が出そうだ，と。確かに，彼女の顔も身体もこわばりが出ていました。そして，沈黙が続きました。

　翌日のセッションで彼女は，前日の気分の悪さについて考えたことを話しました。

　タバコの臭い，妊娠の怖れなどでした。それから女性の羨望こそが彼女には何より怖ろしいものであり，母親とその兄弟の激しい争いを仲介した先週の出来事を話しました。争いは内容的には兄弟が正しいが，激しく荒れる母親をなだめることに彼女は懸命に自分を使ったのでした。

　これらの一連の話が昨日のセッションのテーマ——彼女の父親との愛情ある交流——と，それに迫害的に侵入してくる母親への激しい恐怖——私との間で演じられていたもの——を表わしていることは明白でした。

e．想像的推測と達成の言語

　前述した臨床ヴィネットでは，父親の喫煙とその父親と楽しく過ごしている子ども時代の彼女という場面を，私はいつのまにか思い浮かべていました。「想像的推測」です。それは自然に私の中に湧いてきたもので，私が意識的前意識的に再構成したものではありません。幼児期経験の意識的な再構成は，フロイトがウルフマン・ケースで彼の幼児期の「クルミの木の上の尻尾の長い白い狼」の夢を素材に，幼児期に目撃した両親による原光景の場面として詳しく行ったことでよく知られていると思います。その再構成と，私がこのとき行っていた「想像的推測」は異なっていることはお分かりでしょう。そして経過の中で，「想像的推測」から，それが「合理的推測」ととらえられるようになっていることにも気づかれているかと思います。

　「記憶なく欲望なく理解なく」，すなわち「無心」，その背後に置かれている「ネガティヴ・ケイパビリティ」と「信」，そこからの「at-one-ment」（瞬間的な一体）と「直観」，「想像的推測」を経て，不定な視覚像に表される原初的思考が分節化されていき，ことばになり，解釈が生まれます。

　ここでビオンは解釈のことばを「達成の言語」と表現しました。それは，その解釈が時間を越えて患者のこころに長く留まり，患者がその言語から繰り返し腑に落ちる感覚を味わえるものと言えるでしょう。「達成の言語」

に関しては，心理療法を実践してきた治療者なら，患者が「あのとき先生が「〇〇」と言った。そのことばがそれからずっと私のこころに残っていて，苦しくなったときに「〇〇」を思い出すんです」といった表現で治療者のある発言がこころに残り続けていることを伝えられた経験があるのではないでしょうか。

解釈の生成

次に提示するヴィネットは「達成の言語」ではありませんが，私が解釈のことばを分節化していくその作業の一例として示しました。

あるセッションでの出来事です。ある患者の「攻撃的すぎる」ことにまつわる自由連想に耳を傾けながら，私の中には，「針金のような線がたくさん交錯している無色な抽象画が圧迫してくる」といった視覚イメージが浮かびました。これは「原初的な思考」でしょう。

患者の連想をさらに聴くことから，その視覚イメージは「サディズム」という概念に私の中で突然に変わったのですが，私にはこの概念がどこか適っていない感じがあり，正確なものとは感じられませんでした。それは私の感覚では「粗野な概念」です。しかし一方今の体験は貴重なものであるとの感覚は確かに感じられるので，この体験感覚にかかわるこの概念を近似値として保持しておくことにしました。

それから外界の出来事等，三つのストーリーが患者の口から語られました。それを聴いている私に，「こころの倒錯」という概念がふいに現れました。それは今日語られてきた無意識的な空想に基づいたストーリーに含意されている患者のこころの姿勢を表している「的確な概念」であると私は認識しました。しかし同時に解釈に使うには不親切で不適切なことばであるとも私は認識しました。

さらに分析は進展しましたが，その展開でこの思考は裏返しにされる必要があることが私にわかってきました。そこから私には，倒錯的な態度で防御されている患者の「苦痛」が概念として湧き上がり，それを私は解釈しました。患者のそれへの反応は否定でした。しかしその否定の発言が私に修正をうながし，新たに「不幸」という概念を私にもたらしました。この「不幸」はまさに解釈のことばとして適っている"的確な概念"と私は感じました。

この概念からの解釈は明らかに患者のこころを動かしました。ちなみに「攻撃的すぎる」は患者の誤った概念とこのとき私は理解しています。

以下に，精神分析での分析患者のこころの真実を見出すための二つの道を表示してみます。

表　精神分析実践での二つの方法

	〈こころの真実を直観する方法〉		〈無意識的空想を「知ること」の方法〉
	こころの真実に出会う	⇆	こころを理解する
内的分析設定	（より深い水準の）もの想い	⇆	投影同一化の受け手としての能動的な感受性
	「無心」		
分析的態度	記憶なく，欲望なく，理解なく	⇆	人としての患者への good attitude
	ブランク・スクリーン		自由に漂う対応
	「空」		
	双眼視　「二重の見」（西平）／「二重写し」（井筒）		
分析の方法	平等に宙に浮かされている注意	⇆	自由に浮動する注意
	evenly suspended attention		free floating attention
	vertical free association		horizontal free association
			(Vermote)
	「無注意の注意」（前田）		
分析家の機能	Not knowing/ もちこたえること	⇆	Knowing/ 理解すること
	「無心」		
	Negative capability		Containment（Segal, Rosenfeld）
	信 faith		
	想像的（合理的）推測		
達成	「選択された事実」の直観（概念化）	⇆	「無意識的空想」を読み取る
	At-one-ment（瞬間的な一体）		
解釈	分析場面で実在化した現象	⇆	空想の転移的再現の今ここで

第3章　二つの技法をどう使い分けるのか，切り替えるのか，どちらかだけで行くのか：共通点と相違

　ここまで述べてきました二つの技法——無意識的空想を知ることの方法とこころの真実を直観する方法——を私たちはどのように使うことができるのでしょうか。

　この両方の方法は，私たち治療者が転移の中にいて，患者の心的な体験をダイナミックな生きているものとして把握しようとするというところでは，どちらも共通していると思います。けれども，前者は「知る」という接近なので，対象である患者との相互作用を外から客観的に観察していることに力点が置かれていると言えるでしょう。それゆえ，この方法は患者の体験に近似することに留まりますが，それは継続して維持されうるものです。一方，後者は瞬時ではありますが，患者のこころと一体になるという，まさに生きた主体としての私たちに実感されるものです。しかし，この瞬間がいつ発生するのかは予測できません。

　フロイトは精神分析の作業過程をチェスに喩えて，序盤と終盤は網羅的で体系的に説明できても序盤に続く展開は無限に変化し得るので説明できないのと同じように，精神分析治療の実践のために定めうる規則にも同じような制約があてはまると述べました（Freud, S. 1913. SE 12. p.123）。このように精神分析では，あるハウ・トゥを使い通したら治療が安全に着地するといったセーフティーネットにあたるようなものは見つけられません。それは提示している二つの技法のどちらにも当てはまります。誰もが人生をまっとうしていくその過程にセーフティーネットを持ち続けることは不可能であり，人生の危機——「青年期危機」とか「中年期危機」といった定型の危機を表す表現は以前からありましたが——に出会い，その危機を生き延びようとして

いくと思いますが，人生のその真実を精神分析の過程は共有しています。

とは言え，後者，「こころの真実を直観する方法」において，危機という感覚は顕著です。それゆえビオンは，後者の技法を提示するに際して破局，破局的変化に言及しました。フロイトが「乱暴な分析」（Freud, S. 1910. SE 11. p.221-227）と名づけて戒めたのは，技法を抜きにして患者の苦しみの真の原因に直面させるやり方に対してでしたが，直観の濫用もその一つになりやすいでしょう。

私は，直観の質と機能はその人の体質や環境がその人にもたらしたもので，個人差がかなり大きいもののように思います。直観は豊かであるが訓練なき治療者には危うさがありますし，訓練を積んでももともと直観が乏しい治療者は，学んだ治療の定式に則って進める，すなわち方法や理論に固執するだけで，眼の前の生きている人をそのままに実感できていないままになりやすいものです。

提示している二つの方法——無意識的空想を知ることの方法とこころの真実を直観する方法——の使用に関しては，私たちが精神分析臨床家となるための訓練と学びの時期と，訓練と経験を重ねてある水準に到達した時期に分けて考えるほうが現実的に思えます。まず，訓練と学びの過程にある時期から見てみましょう。

1．精神分析の訓練と方法

精神分析という方法を身に着けるには，他の専門職の場合と同じようにそのための訓練が必要です。精神分析では，セミナーや講義での諸理論の学習，文献精読，ケースの上級者による個人スーパーヴィジョンやグループスーパーヴィジョン，治療者自身の精神分析経験，グループでの臨床例の検討等が準備されています。これらの訓練と学びに真剣に取り組み，ある歳月をかける必要があります。

そして，そうした学びの時期を経て，自分だけで分析場面に臨み対応していくとともに，自分自身で自分を鍛錬し続けることが必要です。前者において私たちは，その精神分析や精神療法への責任という大変重い感覚を自分のものにするのです。後者については，その自己鍛錬の方法としてビオン

は，分析セッション後にグリッドを使用してそのセッションを検討すること（Bion, F. 1997. pp.4-5）や，記憶と欲望を放棄して分析セッションに臨むこと（それによって自分の不安の起源に焦点があてられ，分析されるのとかなり似た結果が得られる）（Bion, W. 1967b/2018. pp.25-26）を挙げています。

　上述しました正統的な訓練の手順に従うなら，私たちはまず精神分析の方法として「知ること」という認識論に基づく演繹法的アプローチから学び始めるでしょう。なぜなら訓練には精神分析の諸理論の学習が組み込まれていますから，その必然として知識の獲得，整理，適用が，その学習と同時におこなわれているスーパーヴィジョンの下での精神分析の実践に直に影響を及ぼすからです。

　ご存知のように，現代の精神分析は，それがどのような学派の精神分析であるとしても，膨大かつ体系化された理論や技法論を保持していますから，それらの諸理論を学ぶことで私たちは精神分析の知識を持つようになり，そのどれかを仮説として保持しつつ分析実践に臨まざるを得ません。何らかの重い苦痛を抱えている人たちの人生に私たちがかかわるのですから，そうした学習がその重さに対応していく必要な準備を手早く整える方法だからです。臨床の場に臨むに際して，自分勝手におこなうという無手勝流ではあまりに無責任ですので，必要な備えでありましょう。このように知識をつける形でオリエンテーションを保持しようとするのは，学ぶ側にも教える側にも当然の姿勢と思います。

　ですから，私たちはこころの無意識の存在とその何か——この「何か」が何であるかによって，たとえば無意識的抵抗であれば自我心理学派，無意識的空想であれば対象関係論派というように，いわゆる学派が異なってきます——を学ぶことから訓練を始めているのです。

　そのことを当人が意識できているか否かは別にして，こうして私たちは認識論を基本思想に置いて，諸理論，コンセプトや上級者のコメントを目の前の患者に適用できる仮説として頭の何処かに保持しながら，患者の言動と治療者とのその相互作用——分析室での現象——を観察し，それぞれが保持する仮説，参照枠に沿って解釈を作り上げ，患者に提示していきます。すなわち，演繹法的アプローチを身に着けていくのです。

　私たちは訓練中，あるいはその後もある期間，おそらく結構長い期間こう

した方法を続けます。その間に新しい理論やコンセプトを手に入れ，仮説，参照枠が変わっていくことはあると思います。その結果，この方法に磨きがかかり，より洗練したやり方になることがあるでしょう。

　米国ボストンの精神分析家レビン Levine, H. が日本精神分析協会でセミナーを開いたことがありました。彼はもともと自我心理学に基づいた訓練を受けたのですが，その限界を感じたところから彼は自己心理学に向かいました。そしてその自己心理学には満足できず，後期ビオンの理論に到達したことを語りました。その機会にレビンは自身が20年以上の長期にわたって治療していたケースを提示しましたが，それを聴いた私には，レビンが基盤とする理論的参照枠は自我心理学にあると感じました。

　レビンのような経験は私たち誰もがしていると思います。ある患者に出会い，すでに私たちが保持している理論やコンセプトでは理解や対応に限界を感じ，行き詰まっている事態の深刻さに私たちは治療者として苦悩し動揺し解決法を必死で模索します。

　こうしたこころの臨床に携わり続けているならまずもって体験するだろう困難な事態に直面しているときに，私たちは幾つかの選択をするでしょう。一つは，そのとき保持している理論やコンセプトを断固堅持して困難な事態への対応を続けるやり方です。もう一つは極端なその対極ですが，精神分析に見切りをつけ，異なる別のやり方に向かう姿勢をとることです。両者の中間に，精神分析と何かの方法を折衷するやり方，精神分析という方法は保持するも既得の理論やコンセプトから離れ，新たなそれらを手に入れ困難な事態に対応していくというやり方があります。コフートはこの後者だったようですし，前述のレビンもそれにあたるでしょう。クラインも，いやフロイトその人もあてはまるのではないでしょうか。ただクラインやフロイトは自分自身で新しいコンセプトや理論を創造しました。

　これらのやり方は参照枠に置く理論やコンセプトは入れ替えられても，認識論に基づく演繹法的アプローチです。

2．訓練と経験を積んだ治療者として：帰納法的アプローチが自生してくるとき

　ところで私たちは患者と会っているときに，すごくパーソナルな，もしくはプライベートな感覚として何かを強く感じることがあると思います。それは私たち自身のこころや人生史の中で経験されてきたこと，経験されていることとその患者の何かが瞬間一致して強い実感をもたらしてくれているときです。

　自我心理学のグリーンソンは，「経験する自我の機能である共感と観察する自我の機能である直観」（Greenson, R. 1967. p.369）は，「意識的な素材の背後にある無意識的な意味を把握する才能の基本である。すなわち，最良の治療者は両方を十分に備えている」（Greenson, R. 1967. p.370）と言い，帰納法的アプローチでの直観を重視していました。

　例をあげてみます。

　数年私との精神分析を続けていたある男性が分析室に入室していつもするように彼のコートをハンガーに掛けながら，独り言のように，そしていささかいまいましそうに「どうしてここのハンガーはいつも反対向きに掛けられているのだ」と言いました。

　それを聴いて，私は内心はっとしたのです。私はホテルに滞在して服をハンガーにかけるとき，そこに備えられているハンガーの首の金属部分の向きを反対に変えるか，ハンガーを反対向きにするかにして使用しています。その行為は私には，服の出し入れをスムーズにするためのまったく自然なことなのです。それは私が筆記道具や箸は右手で扱いますが，物を投げたり扱うときには左手を使うから自然にそうしてしまうのです（その結果，腕時計は右手に着けています）。

　このとき私は，彼が以前に語った生活史の中にあった子どもの時，左利きを右利きに矯正されたことを思い出していました。彼は今や完全に右利きでした。一方私はその矯正を受け容れず，左利きのところを残していました。母親から右手を使うように矯正されてそれに従い，今では何事もないかのようにふるまっている彼を私は強く実感し，切ない哀しみを私は深く感じました。

彼にとって，その変更には母親の期待に応えるという喜びが感じられたものであったでしょうが，そのために自分が本来備えていた大切なものを犠牲にしたのです。彼は，私以上にそれをしたのです。このことを感じた瞬間，私は強い苦痛と深い悲しみを味わいました。オグデンの表現を使うなら(Ogden, T. 1997/2006)，彼の「人間的な何か」something human を私はストレートに直観しました。

このような経験は私たちが生きている人としての患者と出会っているなら，必ずどこかでしていると私は思います。それは，患者のこころの理解を積み重ねていきながらそのコンフィグレーション（形態）を作っていく方法，認識論に基づく演繹法的アプローチで達成するものとはまったく違ったものです。直観が現れる帰納法的アプローチといえるでしょう。おわかりのように，私が提示したヴィネットでは私は彼のふるまいをなにげなく観察していただけでした。

ビオンは精神分析場面において治療者に現れるこの帰納法的アプローチの重要な意義に気がつき，「記憶なく欲望なく理解なく」という技法を提唱することによって，この方法をさらに徹底させようとしてきたのだと私は思います。それはビオン自身にとってパラダイムシフトでしたし，その姿勢はその後変わることはありませんでした。ビオンは，「ある精神分析領域があり，それは……それ自体の現実を持つと私は想定する。機能するに適切な条件の下で適切な装置が利用できるなら，これらの現実は『直観できる』」(Bion, W. 1970, May. Cogitations 1992. p.315) と述べています。

実はこの方法を達成するこころの態度を私たち日本人は「無心」と言い，物事の達成に不可欠であることを知っています。私たちが何かに集中するときに使う表現「こころを無にする」とは，ビオンが言う「記憶なく，欲望なく，理解なく」とまったく同じ態度です。

既述しましたように，オーストリア人のフロイト自身も精神分析の方法を追究するにつれて，「敢えて自らを盲目にする」という西欧的二価論理とはまったく矛盾する臨床姿勢を実際に述べています。フロイト自身にもこの第二の方法は説明し難いものだったのかもしれません。しかしながらこの方法は一部の卓越した西洋人科学者には知られていました。たとえば近代数学の

雄ポアンカレは「選択された事実」selected fact の発見に関して，物自体は決して知ることができない。科学理論はそれに近似するだけであると言い，直観と表現される「この特殊な美を求めるこころ，宇宙の調和に対する感覚が，この調和に貢献し得る最適な事実を選択させる」(Poincaré, H. 1908. p.24)と述べています。

　直観を使う帰納法的アプローチは，作為的に使うものではなく，それが自然に自生的に表れてくることこそが，その本質と言えるところだと思います。ビオンの言う「記憶なく，欲望なく，理解なく」はその心的態度を意識して作るのではなく，その在り方が自然に自生的に現われてくるための下準備を述べているのです。ですからビオンは日々の鍛錬が欠かせないことを強調しましたし，それが生涯自らに果たす厳しい鍛錬であることを強調しました (Bion, W. 1967/2018)。

　こうした特異な態度は，優れたスポーツ選手が試合に臨んでいる際や卓越した技能者が製作にかかわる際に，自分に起こっている，あるいは起こったこととして表現しているのを耳にされたことが一度ならずあると思います。このとき彼らは，自分でそれを起こしたという能動的表現を使わないことに注目していただきたいと思います。そしてそのとき，「無心に臨んだ」という表現がときとして使われることもご存知でしょう。それは，これまで学んできた技法や技術をすべて横に置いてこころを空にして，そのものに向かい合った，働きかけたという「記憶なく，欲望なく，理解なく」が自然に自生してきた体験です。

　つまり，直観を使う帰納法的アプローチは，演繹法的アプローチの経験を十分に積んだところで生かせる方法であるのです。演繹法的アプローチと帰納法的アプローチを意識的に並行して行うわけにはいかないものと私は思います。そうした場合は，その帰納法的アプローチは直観を使うというより，ブリトンが言う「過剰に価値づけられた考え」(Britton, R. 1998/2002) という瞬時に浮かんだ思いつきを当てはめるようになることが多いでしょう。それは乱暴，かつ危険です。また実際のところ，時間をかけて身に着けてきた演繹法的アプローチを捨て去ることはできません。私たちは一度覚えたもの，身に着けたものをほんとうには忘れることはできません。

　西平は『稽古の思想』(2019) において，私たちは学習し練習して身に着

けたものを「脱学習」unlearnすることによって，私たちの機能を進展させることができることを述べています（西平 2019, p.49-）。この「脱学習」とは，まずはしっかりと学習し，それを十分達成した後，より正確に言うなら，達成したからこそ，それらを一度横に置いてしまうことです。

　精神分析においても帰納法的アプローチは，演繹法的アプローチを確実なものにして，しかしそれを一旦横に置けるほどに馴染んでいる経験段階で初めて使用できるようになるものだと思います。その段階に行きつくために要する時間には個人差があるでしょう。またおそらく，すべての人がその段階に到達するとは言えないようにも思います。

3．二つの技法を使う

　それでは私たちはこの二つの技法をどのように使う，使い分ける，もしくは切り替えることができるのでしょうか。

　述べておきたいのは，これもすでに書いていることなのですが，分析過程，転移の過程は患者から発生するものでも治療者が作るものでもなく，精神分析設定と分析的態度が確固として保持されているところに自生的に展開していくものであることです。そこにおいて，展開しているものが何なのか，何が起こっているのかを私たちはつかもうとするのです。そのつかみ方が「知ること」と「直観すること」なのです。

　ですから，二つの技法は私たちが意図的に，前意識的に選ぶのではなく，その転移過程の展開に応じて私たちの中から引き出されてくるように私は感じています。私たちがそれに自然に応じているなら，私たちはどちらかの方法を使っていることでしょう。

　たとえば，言語化されている内容よりも分析室にその人が持ち込む空気——ラテラル・コミュニケーション——に私たちが引き込まれている感じがあるなら，それはその患者が面接室の中に表象化されない何かを出現させているのかもしれず，その何かをつかむために，私たちは直観を用いる帰納法的アプローチを使うかもしれません。この事態は，精神病性不安を抱えている人たち，重いトラウマを抱えた人たちといった深刻なこころの苦痛を抱えた人たちとの間で経験することのように思います。

一方，自身の苦悩や感情を，言葉をかなり正確に使って言語化していくことができる患者との精神分析では自然に演繹法的アプローチに傾いていくかもしれません。ただ，この言語化が深刻な不安への強力な防衛システムの一つとして使われている場合もないわけではありません。

グリーンソンは「私たちの連想が患者の状況に適っていそうか否かを判断するために，参与者から観察者へ，共感から内省へ，問題解決型思索から直観へ，より巻き込まれた立場からより囚われない立場へと私たちは推移せねばならない。この移行や行き来を促進するために，分析家は平等に漂う注意をもって患者に耳を傾けるべきである」(Greenson, R. 1967. p. 366-367) と，自我心理学の立場から二つの方法を移行することを述べています。私はグリーンソンが「平等に漂う注意」evenly suspended attention と書いたフロイトの gleichschwebende Aufmerksamekeit を「自由に浮かばせておく注意」と「平等に浮かんで漂う注意」と読み分ける形で二つの方法間の移行を述べてみました。

いずれにしても二つの方法の内，もう一方の方法が私たちの中で排除されていないことが重要に思います。とりわけそのためには，帰納法的アプローチを排除せず，こころに置いておくことが大切なのではないでしょうか。

しかしながら，それはたやすくはありません。私たちは訓練の最初に身に着けた認識論に基づいた演繹法的アプローチにあまりに慣れ過ぎているのかもしれないからです。あるいは，そのアプローチだけを精神分析の唯一の科学的方法だと思い込んでしまっているかもしれませんし，意識水準での論理的整合性にとらわれすぎてしまい，背景哲学の認識論から存在論へのパラダイムシフトを受け容れるのが困難なのかもしれません（たとえば，前述のO'Shaughnessy, E. 2005, Taylor, D. 2011)。

そうなると，テキストブック的な演繹法的アプローチだけに固執してしまい，私たちの中に自然に自生してくるものをナンセンスなノイズにすぎないと簡単に脱価値化して排除してしまう，つまり芽を摘んでしまうことになってしまいます。

改めて述べるほどのことではありませんが，私たちには，両方のアプローチをある程度フレキシブルに使えるようになる，そのための訓練が必要でしょう。

終わるにあたって

　本書では，これまでの私自身の精神分析臨床と得てきた知識から転移について私が理解しえたことを綴ってみました。本書の表題を「覚書」としたのは，私自身が論述のまとまりに納得できないところがあるゆえでした。読まれる方は，第1部を精神分析のテキストとして，第2部を私見として，第3部を精神分析臨床の補助線と読まれることで御自身の精神分析理解を進展させる機会にしていただければと思います。

　精神分析臨床の特質が転移にあることは，これまで数多くの精神分析家や精神療法家が述べてきていることです。ですから，私がここまで述べてきたことも，それらの反復であったり追試であったり，あるとしてもわずかの変形にすぎません。ただ本書を読まれた方が改めて自分自身の転移観や転移の取り扱い技法を見直されるその機会になり，まだ経験が多くない方たちはご自身の転移観を創られる一つのきっかけを提供できているのなら，本書の目的は達成されたと言えそうです。

　「知ること」と「知らないこと」への着目は，精神分析の原点に立ち返ることであると私は考えます。その原点とはひとつの，しかし大きな分岐点でもあります。そこに医療や心理臨床での治療法と呼ばれる精神分析なのか，それとも精神分析そのものなのかとの問いが生まれています。その答えを私は持っていますが，言う必要はありません。それは，その答えは各自が自分中に見出すものであるからです。

文　献

Aguayo, J. and Malin, B. Ed. 1967/2013: Wilfred Bion: Los Angeles Seminars and Supervision. Karnac Books. London.

Argelander, H. 1976: The Initial Interview in Psychotherapy. New York. Human Science Press.

Becon, F. 1620: Novum Organum. 桂寿一訳 ノヴム・オルガヌム 岩波文庫 1978.

Bell, D. 2001: Projective Identification. In Bronstein, C.(Ed). Kleinian Theory: A Contemporary Perspective. Whurr Publishers. London. p.146.

Bick, E. 1967: The experience of the skin in early object-relations. International Journal of Psycho-Analysis, 49, 484-486. 古賀靖彦訳 早期対象関係における皮膚の体験 メラニー・クライン トゥデイ② スピリウス，E. B.編 岩崎学術出版社 1993.

Bion, W. 1946: Letter to Rickman, 28 January 1946.

Bion, W. 1948/1961: Experience in groups. Tavistock Publications. London.

Bion, W. 1950/1967: The Imaginary Twin. In Second Thoughts. Heinemann Medical Books. London 1967. 中川慎一郎訳 想像上の双子 再考 金剛出版 2007.

Bion, W. 1953: Notes on the Theory of Schizophrenia. In Second Thoughts. Heinemann Medical Books. London 1967. 中川慎一郎訳 統合失調症の理論についての覚書 再考 金剛出版 2007.

Bion, W. 1956: Development of Schizophrenic Thought. In Second Thoughts. Heinemann Medical Books. London 1967. 中川慎一郎訳 統合失調症的思考の発達 再考 金剛出版 2007.

Bion,W. 1957: Diffrentiation of the Psychotic from Non-Psychotic Personalities. In Second Thoughts. Heinemann Medical Books. London 1967. 中川慎一郎訳 精神病パーソナリティの非精神病パーソナリティからの識別 再考 金剛出版 2007.

Bion, W. 1959: Attacks on Linking. In Second Thoughts. Heinemann Medical Books. London 1967. 中川慎一郎訳 連結することへの攻撃 再考 金剛出版 2007.

Bion, W. 1961: Experience in groups. Complete Works of W. R. Bion(CWB) 4. Karnac Books. London.

Bion, W. 1962a.: A theory of thinking. In Second Thoughts. Heinemann. London 1967. 中川慎一郎訳 考えることに関する理論 再考：精神病の精神分析論 金剛出版 2007.

Bion, W. 1962b: Learning from Experience. Heinemann. London.

Bion, W. 1963: The Elements of Psycho-Analysis. Heinemann. London.

Bion, W. 1963/1997: The Grid. In Taming Wild Thoughts. Karnac Books London.

Bion, W. 1965a: Transformations. Heinemann. London.

Bion, W. 1965b: Memory and Desire. In Mawson, C. Ed Three Papers of W. R. Bion. Routledge. London 2018.

Bion, W. 1966: Catastrophic Change. In Mawson, C. (Ed) 2014: The Complete Works of W. R. Bion. Karnac Books. London

Bion, W. 1967a: Second Thoughts. Heinemann. London. 中川慎一郎訳 再考 金剛出版 2007.

Bion, W. 1967b: Negative Capability. In Mawson, C. Ed Three Papers of W. R. Bion. Routledge. London 2018.

Bion, W. 1967c: Notes on Memory and Desire. The Psychoanalytic Forum. 2. p.272-273. Spillius, E. B. Ed Melanie Klein Today. Vol. 2. Routledge London 1988. Langs, R. Ed. Classics in Psychoanalytic technique. Jason Aronson. 1981.

Bion, W. 1968: Bion in Buenos Aires: Seminars, Case Presentation and Supervision. Aguayo, J. et al. Ed. Karnac Books. 2018. 清野百合訳 ビオン・イン・ブエノスアイレス 1968 金剛出版 2021.

Bion, W. 1968/2014: Further Cogitations. In Mawson, C. (Ed) 2014: The Complete Works of W. R. Bion. Karnac Books. London.

Bion, W. 1970: Attention and Interpretation. Tavistock Publications. London.

Bion, W. 1971/1992: Cogitations. CWB11. and Karnac Books. London.

Bion, W. 1974/1990: Brazilian Lectures Imago Editora. Rio de Janeiro and Karnac Books 1990.

Bion, W. 1975/2018: Break up, Break down, Break through. In Mawson, C. Ed Three Papers of W. R. Bion. Routledge. London 2018.

Bion, W. 1976: The Tavistock Seminar. Seminar. CWB9. and Karnac Books 2005.

Bion,W. 1977: The Two Papers: the Grid and Caesura. Karnac Books. London 1989.

Bion, W. 1977/1997: Untitled. In Taming Wild Thoughts. Karnac Books. London.

Bion, W. 1980: Bion in New York and São Paulo. 1980. São Paulo. 3. CWB8 and Clunie Press. Perthshire.

Bion, W. 1982: The Long Weekend 1897-1918. Fleetwood Press. Perthshire.

Bion, W. 1992: Cogitations. Karnac Books. London.

Birksted-Breen, D. 2012/2016: Taking time: The Tempo of Psychoanalysis. In The Work of Psychoanalysis. Routledge. London.

Bléandonu, G. 1990/1994: Wilfred Bion: His Life and Works 1897-1979. Free Association Books. London.

Bohleber, W. 2016: Introduction to Alfred Lorenzer's paper 'Language, life praxis and scenic understanding in psychoanalytic therapy.' International Journal of Psycho-Analysis 97: 1393-1398.

Botella, C. & Botella, S. 2005: The Work of Psychic Figurability: Mental States without Representation. Routledge. London.

Bowlby, J. 1969: Attachment and Loss. Vol.1. Attachment. Hogarth Press. London. 黒田実郎・他訳 母子関係の理論① 愛着行動 岩崎学術出版社 1976.

Bowlby, J. 1973: Attachment and Loss. Vol.2. Separation. Hogarth Press. London. 黒田実郎・他訳 母子関係の理論② 分離不安 岩崎学術出版社 1977.

Bowlby, J. 1980: Attachment and Loss. Vol.3. Loss. Hogarth Press. London. 黒田実郎・他訳 母子関係の理論③ 愛情喪失 岩崎学術出版社 1981.

Breuer, J. & Freud, S. 1895: Studies on Hysteria. SE2.

Britton, R. 1998: The analyst's intuition: selected fact or overvalued idea? In Brief and Imagination.. Routledge. London. 古賀靖彦訳 信念と想像 金剛出版 2002.

大東祥孝 2011: ゲシュタルト学説 狩野力八郎他編 現代精神医学事典 弘文堂 2011.

Ertel, U. 2017: A paper presented at Kodera Foundation, Tokyo.

Ferro, A. 2002: Some Implications of Bion's Thought. International Journal of Psycho-Analysis 83, 597-607.

Ferro, A. and Civitarese, G. 2015: The Analytic Field and its transformations. Karnac Books. London.

Freud, S. 1895: On the Grounds for Detaching a Particular Syndrome from Neuroasthenia under the Description 'Anxiety Neurosis' SE3. Hogarth Press. London. 1959.

Freud, S. 1900: Interpretation of Dreams. SE4, 5.

Freud, S. 1905: Fragments of An Analysis of a Case of Hysteria. SE7.

Freud, S. 1909: Notes upon a Case of Obsessional Neurosis. SE10.

Freud, S. 1909: Analysis of a Phobia in a Five-Year-Old Boy. SE10.

Freud, S. 1910: 'Wild' Psycho-Analysis. SE11.

Freud, S. 1912: The Dynamics of Transference. SE12. 藤山直樹編・監訳 転移の力動 フロイト技法論集 岩崎学術出版社 2014.

Freud, S. 1913: On Beginning the Treatment. SE12. 藤山直樹編・監訳 治療の開始について フロイト技法論集 岩崎学術出版社 2014.

Freud, S. 1914: Remembering, repeating and working through. SE12. 藤山直樹編・監訳 想起すること，反復すること，ワークスルーすること フロイト技法論集 岩崎学術出版社 2014.

Freud, S. 1915: Observations on Transference-Love. SE12. 藤山直樹編・監訳 転移性恋愛についての観察 フロイト技法論集 岩崎学術出版社 2014.

Freud, S. 1916: Letter to Lou Andras-Salomé 1916. 5. 25 In Freud, E. Ed. Sigmund Freud. Briefe 1873-1939. S. Fischer Verlag. 1960. 生島敬三他訳 書簡集 フロイト著作集8 人文書院 1974.

Freud, S. 1920: Beyond the Pleasure Principle. SE18.

Freud, S. 1925: An Autobiographical Study. SE20.

Freud, S. 1926: Inhibitions, Symptoms and Anxiety. SE20.

Freud, S. 1933: New Introductory Lectures on Psycho-Analysis. SE22.
Freud, S. 1937: Analysis Terminable and Interminable. SE23.
Green, A. 1999: The Work of Negative. Free Association Books London.
Green, A. 1987/2005: Playing and reflection in Donald Winnicott's writings. Karnac Books. London.
Greenson, R. 1967: The Technique and Practice of Psychoanalysis. volume 1. International Universities Press. New York.
Guntrip, H. 1965: Book review, Learning from Experience. International Journal of Psycho-Analysis 46, 381-383.
Heiman, P. 1950: On Counter-transference. International Journal of Psycho-Analysis. 31, 81-84. 松木邦裕編監訳 原田剛志訳 逆転移について 対象関係論の基礎 新曜社 2003.
Heiman, P. 1960: Counter-transference. In About Children and Children No Longer. p.151-160. Tavistock/Routledge. London. 1989.
Herrigel, E. 1953: Zen in the Art of Archery. Pantheon Books. New York. 魚住孝至訳 弓と禅 付・「武士道的な弓道」講演録 角川ソフィア文庫 2015.
Hinshelwood, R. D. 1989, 1991: A Dictionary of Kleinian Thought. Free Association Books. London.
Hinshelwood, R. 2018a: The Clinical Paradigms of Melanie Klein and Donald Winnicott. Routledge.
Hinshelwood, R. 2018b: Foreword. In Aguayo, J. et al. Ed. Bion in Buenos Aires: Seminars, Case Presentation and Supervision. Karnac Books. 2018. 清野百合訳 ビオン・イン・ブエノスアイレス 1968 金剛出版 2021.
Isaacs, S. 1948: Nature and Function of Phantasy. International Journal of Psycho-Analysis 29. 73-97.
Izutsu, T. 1977: Toward a Philosophy of Zen Buddhism. Prajna Press. Boulder 1982. 井筒俊彦 1983: 意識と本質 岩波書店 岩波文庫 2001.
Joseph, B. 1975: The Patient who is difficult to reach. In Psychic Equilibrium and Psychic Change. Tavistock/Routledge. London. 小川豊昭訳 心的平衡と心的変化 岩崎学術出版社 2005. 松木邦裕監訳 メラニー・クライン トゥデイ③ 古賀靖彦訳 岩崎学術出版社 2000.
Joseph, B. 1985: Transference: the total situation. In Psychic Equilibrium and Psychic Change. Tavistock/Routledge. London. 小川豊昭訳 心的平衡と心的変化 岩崎学術出版社 2005. 松木邦裕監訳 メラニー・クライン トゥデイ③ 古賀靖彦訳 岩崎学術出版社 2000.
Joseph, B. 1986: Psychic Change and the Psychoanalytic Process. In Psychic Equilibrium and Psychic Change. Tavistock/Routledge. London. 小川豊昭訳 心的平衡と心的変化 岩崎学術出版社 2005.

Jones, E. 1929: Fear, Guilt and Hate. International Journal of Psycho-Analysis Vol.10 also In Papers on Psycho-Analysis. Bailliere, Tindall and Cox. London 1948.

Jones, E. 1930: Psycho-Analysis and Psychiatry. Mental Hygiene vol.14. also In Papers on Psycho-Analysis. Bailliere, Tindall and Cox. London 1948.

Klein, M. 1921: The Development of a Child. In The Writings of Melanie Klein Vol.1. Hogarth Press. London 1975.

Klein, M. 1926: The Psychological Principles of Early Analysis. The Writings of Melanie Klein Vol.1. Hogarth Press. London 1975.

Klein, M. 1927: Symposium on Child-Analysis. The Writings of Melanie Klein Vol.1. Hogarth Press. London 1975.

Klein, M. 1936/2017: The Lectures on Technique, 1936. Ed. Steiner, J. Lectures on Technique by Melanie Klein. Routledge 2017.

Klein, M. 1946: Notes on some Schizoid Mechanisms. In The Writings of Melanie Klein Vol.3. Hogarth Press. London 1975.

Klein, M. 1948: On the Theory of Anxiety and Guilt. Envy and Gratitude and Other Works. Hogarth Press. London 1975.

Klein, M. 1952a : Some Theoretical Conclusions regarding the Emotional Life of the Infant. In The Writings of Melanie Klein Vol.3. Hogarth Press. London 1975.

Klein, M. 1952b: The Origin of Transference. In The Writings of Melanie Klein Vol. 3. Hogarth Press. London 1975.

Klein, M. 1957: Envy and Gratitude. In The Writings of Melanie Klein Vol.3. Hogarth Press. London 1975.

Klein, M. 1958/2017: Lectures on Technique by Melanie Klein. Ed. Steiner, J. Routledge. London.

Klein, M. 1961/1975: Narrative of a Child Analysis. In The Writings of Melanie Klein Vol.4. Hogarth Press. London 1975.

Lopez-Corvo, R. 2003: The Dictionary of the Work of W. R. Bion. Karnac Books. 松木邦裕監訳 ビオン事典 金剛出版 2023.

Lorenzer, A. 1973: Sprachzerstörung und Rekonstruktion. Suhrkamp Frankfult a. M.

Lorenzer, A. 1983/2016: Language, life praxis and scenic understanding in psychoanalytic therapy. International Journal of Psycho-Analysis 97, 1399-1414.

前田重治 1999:「芸」に学ぶ心理面接法 誠信書房.

Mahler, M., Pine, P. & Bergman, A. 1975: The Psychological Birth of the Human Infant. Basic Books. New York. 高橋雅他訳 乳幼児の心理的誕生 黎明書房 1981.

Masterson, J. F. 1972: Treatment of Borderline Adolescent. Wiley. New York. 成田善弘・笠原嘉訳 青年期境界例の治療 金剛出版 1979.

松木邦裕 2001: クラインの二人の分析的息子たち――ウィニコットとビオンの場合 精神分析研究 45(2), 140-151.

松木邦裕 2009: 精神分析体験：ビオンの宇宙 岩崎学術出版社.

松木邦裕 2012: gleichschwebende Aufmerksamkeit についての臨床的見解 精神分析研究 56(4), 409-417.

松木邦裕 2015a: 精神分析の本質と方法 松木邦裕・藤山直樹著 創元社.

松木邦裕 2015b: 真実と転移 精神分析研究 59(3), 320-328.

松木邦裕 2016: Bion in 1967:「Wilfred Bion: Los Angeles Seminars」に学ぶ 精神分析研究 62(3), 434-443.

松木邦裕 2017: 次著『転移論』を語る 精神分析研究 61(3), 275-287.

松木邦裕 2018: 共通基盤としての精神分析過程 精神分析研究 62(3), 402-408.

松木邦裕 2021a: パーソナル精神分析事典 金剛出版.

松木邦裕 2021b: 体系講義 対象関係論（下）現代クライン派・独立学派とビオンの飛翔 岩崎学術出版社.

松木邦裕 2021c: 私たちは成功した精神分析から学ぶことができるのだろうか 松木邦裕・日下紀子・根本眞弓編 精神分析臨床での失敗から学ぶ 金剛出版.

松木邦裕 2022: 精神病体験の本態を探る 十川幸司・藤山直樹編 精神分析のゆくえ 金剛出版.

Matsuki, K. 2023: The Use of an Object, or Psychoanalysis as a Field for Catastrophic Change. International Winnicott Conference in Taipei 2023 28 October.

Mawson, C. 2018: Three Papers of W. R. Bion. Routledge. London.

Mawson, C. 2019: Psychoanalysis and Anxiety: From Knowing to Being. Routledge. London.

Meltzer, D. 1978: The Kleinian Development. Clunie Press. Perthshire. 世良洋・黒河内美鈴訳 クライン派の発展 金剛出版 2015.

Money-Kyrle, R. 1965: Book review, The Elements of Psycho-Analysis. International Journal of Psycho-Analysis 46, 385-388.

村上春樹 2012: 夢を見るために毎朝僕は目覚めるのです 村上春樹インタビュー集 1997-2011 文芸春秋.

M'Uzan, M. de 1976: Countertransference and the Paradoxical System. In Death and Identity: Being and the Psychosexual Drama. Karnac Books. London 2013.

中村元 1968: インド思想史 第2版 岩波全書.

中村元 1990: ウパニシャッドの思想 中村元選集 9巻 春秋社.

西平直 2014: 無心のダイナミズム 岩波書店.

西平直 2019: 稽古の思想 春秋社.

西平直 2021: 井筒俊彦と二重の見 未来哲学研究所.

Ogden, T. 1997: Reverie and Interpretation. Jason Aronson, New York. 大矢泰士訳 もの想いと解釈 岩崎学術出版社 2006.

O'Shaughnessy, E. 2005: Whose Bion? International Journal of Psycho-Analysis 86, 1523-1528 and In Inquiries in Psychoanalysis. 2015. Routledge. London.

Plaenkers, T. 2017: Meeting the Patient. An Object-relational view of the Scene. Presented at the IPA Asia-Pacific Conference. Taipei. 5 May 2017.

Poincaré, H. 1908: Science and Methodé. 吉田洋一訳 科学と方法 岩波文庫 1953.

Rocha Baross, E. M. 2000: Affect and Pictographic Image: The constitution of meaning in mental life. International Journal of Psycho-Analysis 81. 1087-1098.

Rosenfeld, H. 1986: Impasse and Interpretation. Tavistock Publication. London 1987.

Roth, P. 2001: Mapping the Landscape. International Journal of Psychoanalysis 82(3), 533-543. 吉沢伸一訳 風景を定位すること 松木邦裕監訳 心的変化を求めて 創元社 2017.

Sandler, J. 1976: Countertransference and role-responsiveness. International Review of Psycho-Analysis. International Review of Psycho-Analysis 3. 43-47.

Sandler, J. & Sandler, A-M. 1998: On Role Responsiveness. In. Internal Objects Revisited. Karnac Books. London.

Segal, H. 1957: Notes on Symbol Formation. In The Work of Hanna Segal. Aronson New York. 1981. 松木邦裕訳 象徴形成について クライン派の臨床 岩崎学術出版社 1988.

Segal, H. 1977: Countertransference. International Journal of Psychoanalytic Psychotherapy. 1977 also In The Work of Hanna Segal. Aronson. NY. 1981. 松木邦裕訳 クライン派の臨床 岩崎学術出版社 1988.

Spillius, E. B. (ED) 1988: Melanie Klein Today. Vol. 1. Routledge London. 松木邦裕監訳 メラニー・クライン トゥデイ① 岩崎学術出版社 1993.

Spillius, E. B. 1988: Introduction. In Spillius Ed. Melanie Klein Today vol.2. Routledge. London.

Spillius, E. B. et al. Ed. 2011: New Dictionary of the Kleinian Thought. Routledge. London.

Steiner, J. 1993: Psychic Retreat: pathological organizations in psychotic, neurotic and borderline patients. Routledge. London. 衣笠隆幸訳 こころの退避 岩崎学術出版社 1997.

Strachey, J. 1934: The nature of the Therapeutic Action of Psycho-Analysis. International Journal of Psycho-Analysis 15, 127-159. 松木邦裕編監訳 山本優美訳 精神分析の治療作用の本質 対象関係論の基礎 新曜社 2003.

Suzuki, D. 1938/1940: Zen Buddhism and its Influence on Japanese Culture. 北川桃雄訳 岩波新書 2021.

鈴木大拙 1950/2000: 無心ということ 大東出版社 東京.

Taylor, D. 2011: Commentary on Vermote's 'On the value of 'late Bion' to analytic theory and practice'. International Journal of Psycho-Analysis 92, 1099-1112.

富田悠生 2021: 逆転移における視覚像 青山学院大学博士学位論文.

Vermote, R. 2011: On the value of 'late Bion' to analytic theory and practice'.

International Journal of Psycho-Analysis 92, 1089-1098.

Vermote, R. 2019: Reading Bion. Routledge. London. 清野百合訳 リーディングビオン 金剛出版 2023.

Vermote, R. 2020: Psychic functioning outside of mental representations—Implications for psychoanalysis. Journal of The Japan Psychoanalytic Society, Vol.2, 3-16.

Winnicott, D. W. 1954: Metapsychological and Clinical Aspects of Regression within the Psychoanalytical Set-up. In Though Paediatrics to Psych-Analysis. Hogarth Press. London 1958. 北山修監訳 小児医学から精神分析へ 岩崎学術出版社 2005.

Winnicott, D. W. 1954/1986: Withdrawal and Regression. In Collected papers 1958 Tavistock Publication. London and Holding and Interpretation. 1986. Karnac Books. London.

Winnicott, D. W. 1955: Group Influences and the Maladjusted Child. In The Family and Individual Development. Tavistock Publication. London 1965.

Winnicott, D. W. 1956/1958: Clinical varieties of transference. In Through Paediatrics to Psycho-Analysis. Hogarth Press. London 1958.

Winnicott, D. W. 1960: The Theory of the Parent-Infant Relationship. In Maturational Process and Facilitating Environment. Hogarth Press. London. 大矢泰士訳 親-乳幼児関係の理論 成熟過程と促進の環境 岩崎学術出版社 2022.

Winnicott, D. W. 1962a: Ego integration in child development. In Maturational Process and Facilitating Environment. Hogarth Press. London. 大矢泰士訳 子どもの発達における自我の統合 成熟過程と促進的環境 岩崎学術出版社 2022.

Winnicott, D. W. 1962b: A Personal View of the Kleinian Contribution. In Maturational Process and Facilitating Environment. Hogarth Press. London. 大矢泰士訳 クラインの貢献についての個人的見解 成熟過程と促進的環境 岩崎学術出版社 2022.

Winnicott, D. W. 1963/1974: Fear of breakdown. In Kohon, G. (Ed) The British School of Psychoanalysis. Free Association Books. London. 1986. In Maturational Process and Facilitating Environment. Hogarth Press. London. 牛島定信訳 発狂恐怖 英国独立学派の精神分析 岩崎学術出版社 1992.

Winnicott, D. W. 1964/1987: Letter to John O. Wisdom. 26th October 1964. In Rodman, F.R. ED The Spontaneous Gesture. Selected Letters of D.W. Winnicott. Harvard University Press. London.

Winnicott, D. W. 1965/1989: The Psychology of Madness. In Winnicott, D. W. Psychoanalytic Explorations. 1989.

長めのあとがき

　『転移論』を『不在論』(2011) に続く論考として執筆するつもりでした。実際，2011年8月から執筆を始め，2012年8月までの一年間にA4用紙で44枚，字数で5万字を越えて執筆を続けていました。しかし，それはそのまま破棄されることになりました。その理由は，ビオンに学ぶところが新たな段階に入ったために私の内に未飽和な状態が生じ，書き続けることができなくなったためでした。それからの数年は，私は自身の理解力の乏しさを実感するとともに極めてペシミスティックな心情に陥り，もはや「転移論」は書けないと思い詰めていました。

　その私を再始動させたのは，臨床での精神分析過程において「破局」の発生こそが真の変化のための必要な事態であるとの気づきでした。精神分析セッションの中の破局をどのように生きているのかを見つめ，考える作業が不可欠になりましたが，それがわかりませんでした。

　結果として，ひとまず「転移論」を放棄して私が書いたのは，基礎的な技法論である『耳の傾け方』でした。それは以前に前田重治先生に教えていただいた，堅いものを書いた後には柔らかいものを書くとよいとのアドバイスに従った，私なりの立て直しの作業でもありました。3年間をかけて完成した『耳の傾け方』は一定の評価を得ることができたように思いますが，その内容が「転移論」とは整合しないところがあることに後になって徐々に気がつかないわけにはいかないところとなりました。

　何処が整合しないかは，本書を読まれた方には一目瞭然の事実として浮かび上がるでしょう。ただ，その一方で『耳の傾け方』の執筆が「転移論」の完成には不可欠な作業であったとも感じるところでもあります。

　未飽和から飽和への移行が表立った形を取り始めたのは，2015年あたりからではないかと思います。それは幾つかのセミナー等で行う講義を作り上げる機会に，少しずつではあるが，見える形を成し始めてきました。実際それらをもとに，2015年に「フロイトと転移」と題してビオンの提示した視覚像の変形という視点からの思考の成熟を念頭に置いて執筆に取り組みましたが，

それも止まってしまいました。書きながら想定できた内容がオリジナリティに乏しいと感じられたからでした。2016年3月21日に京都大学退職を前にして最終講義の機会を与えられましたが，そこでは，「転移を観察する」という表現を入れることで「聴く」ことから「見る」ことへの変換を記述できました。

　2016年に日本精神分析学会出版賞，通称「小此木賞」を授かりました。その年の受賞講演の論題を「次著『転移論』を語る」としたのは，このように公けにすることで自分自身を追い詰めることを意図していました。

　世良洋先生を中心に進めた翻訳書ドナルド・メルツァーの『クライン派の発展』（1978/ 翻訳出版 2015）「第3部 ビオン：ビオンの業績の臨床的意義」を，小寺精神分析研究財団主催「小寺精神分析志塾」（通称「小寺志塾」）のテキストとして2017年4月から一年間使いました。熱心な塾生の皆さんの疑義に応えるための再読は，翻訳当時には見えていなかったビオン理解でのメルツァーの致命的な限界を見出す機会になりました。それは，「Post-Graduate セミナー」での一連の講義，また「精神分析スタディ博多」での『クライン派の発展』の再読でさらに明瞭になりました。

　この，その後も気づかれず改められることがなかったメルツァーのビオン理解の限界こそが，ビオンの独創性を裏付けていることにようやく気づいたのでした。メルツァーはクラインが提示した「無意識的空想」概念とその地理的な表象をあくまで前提に置き，それを疑うことすらなかったようです。しかし，ビオンは違っていました。

　2014年から私は精神療法誌に「精神分析の一語」というタイトルで精神分析の概念やコンセプトを毎回一つ取り上げて，それらを考察する試みを始めました。

　書き始めた当初はより分析臨床に沿った内容を想定していたのですが，書いているうちにそうした一つの概念やコンセプトに多角的な光を照射して私自身の視野になかった意味や先達の理解にしばしば触れることになり，それは個人的には大変有意義でした。取り上げる概念やコンセプトにそのときの私の関心が反映され，深める機会を得ました。その論述は，体裁を整え，2021年春に『パーソナル精神分析事典』（金剛出版）として刊行されています。この書は，面接室をひとたび退出して机に向かったときに役に立つものではないかと思います。

　そして，2019年の新年から『転移論』に挑みました。間を開けて9月までその作業は続きました。そこでまたもや停止しました。

様々な理由はあるのですが，もっとも大きなものはこの時期に私のビオン理解がさらに深まっていったことにあるように思います。それは2021年秋に刊行した『体系講義 対象関係論』（岩崎学術出版社）に収められています。ビオン理解の新しい視点は，ビオンの著作の精読のみでなく，Vermote, R., Levine, H. らの欧米のビオン研究者，西平直という哲学者との交流，ビオン関連翻訳での清野百合の厳密さによって得た新たな視点に負うところが大きいものです。そして，私は『転移論』を書くことをあきらめ，『転移覚書』として完成を目指しました。

　ここまでつらつらと本書が完成に至る道のりを述べてきましたが，この間に私は25年以上住んだ家を離れ，2022年4月には20年一緒に暮らした猫「うずら」も世を去りました。

　失うことばかりではありません。新しい出会いは，世界の精神分析臨床家たちと出会うことや日本の多くの若い世代との間にありました。それらは私に明るい灯りを与えてくれました。そして精神分析での学兄として長い間私を支えてくれたPatrick Casement先生，安岡誉先生への感謝をここでお伝えいたします。

　本書の粗稿は白井聖子先生（香椎療養所）に目を通していただき，独自の視点から多くの貴重なアドバイスや暖かなことばを賜りました。完成稿に近い草稿を岩倉拓先生（あざみ野心理オフィス）と富田悠生先生（明星大学）にお読みいただき，重要な追記や修正を加えることができたコメントを数多くいただきました。増尾徳行先生（たちメンタルクリニック）にはウィニコットの見解についての有意義な示唆をいただきました。また，岩崎学術出版社編集部の長谷川純さんには本書の編集，制作に大変お骨折りいただきました。5名の方にこころより感謝申し上げます。

　いつもながらのことですが，本書の背景には精神分析のセミナーや研究会での講義と参加しておられた皆さんからの質疑やコメントが反映されています。いや，そうした質問や疑義なしには本書は成立しませんでした。皆様に深く感謝申し上げます。

春光の中に

松木邦裕

索引

あ行

アート　159, 176
アイザックス Isaacs, S.　55, 109
間にあるかけら　76, 79〜81
間のかけら　160, 163
愛着障害　13
アイデンテイフィケート　37
アクィナス Aquinas, T.　159
アクティング・イン　43, 47, 69, 96, 110, 112
アファニシス　14
アブラハム Abraham, K.　27, 157
誤った結びつき　21
新たな思考 brain child　87
ありきたりの不幸　19, 20
アルゲランダー Argelander, H.　105
あること　160
　α機能　58, 67, 97, 116, 117, 124, 140, 141
　α要素　67, 85, 87, 97, 109, 113, 114, 116, 117, 119, 120, 124, 169
暗示　152
アンセルムス Anselmus, C.　159
アンドレアス-ザロメ Andreas-Salomé, L.　157
アンビバレンス　89
生き延びているものの罪悪感　144
移行　76, 79, 80, 160, 163
移行対象　80, 163
意識　78, 140
　――と無意識の区別　117
以心伝心　39
一次過程　72, 114
井筒俊彦　164, 180, 186
偽りの自己　50, 51

今ここで　5, 37, 40, 47, 48, 146, 168, 175, 186
イルマの注射の夢　156
陰性治療反応　65, 66
陰性転移　9, 23, 28, 31, 55, 69, 89, 91
　――のワークスルー　55
受け身性　167
内なる視覚　121, 122
ウィニコッティアン　56
ウィニコット Winnicott, D. W.　14, 18, 49, 50〜57, 73, 80, 160, 163, 168, 180
　――の事例　56
　――の転移論　49
　――理論　24
ウパニシャッド　162
　――哲学　160, 161
ウルフマン症例　28, 42, 184
エックハルト　159
エディプス　76
エディプス・コンプレックス　12, 70, 71, 158
エディプス対象　47
エナクトメント　42, 43, 45, 47, 48, 69, 96, 110〜113, 175
演繹法 deductive approach　154, 156, 157, 166, 168
　――のカリカチュア　155
演繹法的アプローチ　v, 37, 158, 159, 164, 174, 176, 189, 190, 192〜195
オーショウネスィ O'Shaughnessy, E.　36, 37, 176
オグデン Ogden, T.　192
オノマトペ　117
愚かさ　62
オンライン形式の精神分析　125

か行

外在化　110
解釈　9
　——の生成　185
外傷　55, 166
外傷状況　54, 73
外傷体験　134
外的視覚　120
快と苦痛の原則　76
概念（E）　85, 114, 117
抱える機能　53, 54
科学的因果関係　6
科学的演繹システム（G）　85
科学的演繹体系　114, 118
鏡　113
覚醒してみる夢　124
攪乱　88
過剰に価値づけられた考え　193
仮説　154, 166, 189, 190
画像　87, 101
葛藤　8
神　159
ガリレオ Galilei, G.　107
考え　85
考えること　68, 73, 85
考えることのできない不安　14, 50, 52, 74
感覚印象　86, 97, 114, 116
感覚受容器官機能の逆転　73
感覚データ　67
環境の失敗　53
環境の提供　53, 54
観察　101, 103
感情的絵文字 Affective Pictogram　123
感情による記憶　109
カント Kant, I.　116, 162
ガントリップ Guntrip, H.　68
気　162
記憶と欲望　189
記憶なく欲望なく理解なく　156, 162, 180, 184, 186, 192, 193

幾何学　107
　——像　180
　——の変形理論　70
危機　188
期限設定療法　152
起源的思考の実在化　111
帰納法 Inductive approach　154〜158, 177, 178
帰納法的アプローチ　v, 157〜159, 176, 191〜195
気まぐれ　176
逆転移　5, 11, 34, 39, 40, 48, 59, 76, 78, 79, 137, 141, 142, 146, 173
　——性エナクトメント　45
　——を転移の文脈に置く　77
　広義の——　122
究極的現実　109, 160
境界精神病　60, 74
共通感覚　137
強迫神経症　23, 100
恐怖症　12, 100
虚言　70
去勢の恐怖　119
去勢不安　12
近似　154, 164, 193
　——値　185
　——法　169
空　163, 180
空気　15
空想　10
空白のスクリーン　113
具体象徴　117
グノーシス主義　175
クライニアン　34, 35, 43, 56, 58, 63, 65, 78, 158, 159, 175
　——のモデル　172
クライン Klein, M.　11, 13〜15, 18, 24, 27〜45, 48〜51, 55, 58〜69, 72, 77, 87, 108〜111, 117, 130, 138, 141, 155, 157, 158, 167, 168, 174〜176, 181, 190
　——後期　29
　——前期　27

——の一者心理学的視点　67
　　——の解釈　32
　　——の技法　11
　　——の逆転移　34
　　——のコンセプト　49, 62
　　——の死後　36, 58, 67, 130
　　——の実践法　157
　　——の転移論　27, 35, 141
　　——の不安論　13
クラウバー　v
グリーン Green, A.　111, 161
グリーンソン Greenson, R.　126, 165, 191, 195
グリッド　70, 85, 107, 113〜115, 118, 189
グループ状況　58, 59
グロトスタイン Grotstein, J.　58
訓練分析　29, 43, 60, 100
傾聴　101
ケースメント Casement, P.　127, 128, 155
外科医の態度　167
劇　117
劇化/ドラマタイゼーション　87, 96, 97, 110〜113, 118, 119
ゲシュタルト理論　104
解毒　65, 66
ケプラー Kepler, J.　107
獣の感覚 beast sense　39
幻覚　87, 109, 162
幻覚症　74, 79, 133, 137, 162
　　——における変形　70, 72〜75, 126, 138
原光景　28, 184
幻視　73, 116, 133
現実原則　100
見性　163
現象　3
現象領域　86
原初的苦悶　52
原初的な思考　97, 110, 114, 116, 119, 122, 123, 124, 169, 185

原初的倫理衝動　73
現代クライニアン　36, 42, 65, 155, 158, 174
　　——の転移解釈技法　47
行為　96, 100, 114, 117
好奇心　62
後期ビオン　v, 58, 76, 77, 79, 118, 159, 160, 161, 175, 176, 178, 181, 190
　　——技法　159
　　——と転移　76
　　——の哲学　159
攻撃衝動　28
恒常的連接　6
硬直運動変形　70〜72, 126
行動化　19, 24, 30, 38, 40, 41, 48, 62, 96, 100, 110, 111, 119, 120
傲慢　62
合理的推測　63, 184
こころ　108
こころの態勢　181
個人神話　108, 113
誇張　73
孤独　144
コフート Kohut, H.　190
コミュニケーションとしての投影同一化　65
孤立　144
コンセプト（F）　85, 114, 118, 178
コンテイナー/コンテインド関係　68, 138
コンテイン　65, 66, 85, 138
コンテインメント　168
コンフィグレーション（形態）　192

さ行

サーチライト　165
罪悪感　15, 28, 131
再構成　99, 184
再接近期危機　13
惨事　87
参照仮説　164
参照枠　154, 190

サンドラー Sandler, J.　　35, 111, 138, 167
シーニック・アンダスタンディング
　　　104, 106, 120
ジオバチーニ Giovacchini, P.　　46
視覚　　179
視覚イメージ　　168, 169
視覚化　　8, 86, 117, 123, 124, 143, 178
視覚像　　v, 3, 16, 56, 69, 85～87, 96, 101,
　　　104, 106, 117, 120～124, 137, 144, 147,
　　　178, 181, 182, 184
視覚表象　　174
自我心理学　　11, 104, 105, 126, 165, 174,
　　　189～191, 195
自己愛構造体　　37
思考　　51, 85, 107
　　——と観念　　113
　　——の現象化　　118
　　——の実在化　　111, 112, 118
　　——の生成　　68
　　——の生成と成熟　　114
　　——の退行　　119
　　——の変形　　86
思考化　　73, 86, 87, 109, 114, 116, 147,
　　　182
自己心理学　　190
自己鍛錬　　188
自己分析　　100, 126
自己モニタリング　　35, 138, 139, 142
視座　　159
自殺企図　　89
事実　　80
自生　　163, 177, 181, 191, 193, 194
自生的　　86
消滅不安　　16
実在化　　30, 55, 86～88, 110～112, 118,
　　　125, 126, 132～134, 137, 160, 166, 186
実存　　175
実存哲学 existentialism　　159
私的な転移論　　83
自動的不安　　12
地と図　　180
死の恐怖　　52, 65, 66, 145

死の本能　　13～15, 61～64, 77, 158
シミントン Symington, N.　　v
社会的転移　　67
ジャガイモを歌う　　116
ジャックス Jaques, E.　　36
シャルコー Charcot,
　　J. M.　　101, 121, 158
十字架のヨハネ　　159
修正感情体験　　55
自由に浮かばせておく対応　　167
自由に浮かばせておく注意 free floating
　　　attention　　165
自由に漂う対応　　138, 186
修練　　163
自由連想　　3, 10, 24, 44, 46, 112, 168, 181,
　　　185
受動態 passive voice　　163
瞬間的な一体 at-one-ment　　76, 160, 163,
　　　177, 182, 184, 186
情景 scene　　104
情景的な機能　　105
象徴　　96, 97, 99, 101, 105
象徴化されない転移　　54
象徴等価物　　61
消滅の恐怖　　13, 14
ジョーンズ Jones, E.　　14, 19
初期 C 水準の思考　　87
ジョセフ Joseph, B.　　18, 24, 35～48, 60,
　　　175
　　——の逆転移論　　44, 45
　　——のケース　　41
　　——の転移論　　36～38, 42, 48, 175
知らないこと　　176, 180, 181, 196
知ること　　159, 160, 168, 175, 176, 189,
　　　194, 196
信 faith　　181, 184
信号不安　　12, 13
真実　　69, 70, 76, 86～88, 121, 159, 160,
　　　164
　　——を直観する方法　　176, 186～188
人生の危機　　187
心的外傷　　12

「心的機能の二原則」　72
心的筋肉　180
心的事実　108, 109
心的退避所　37
心的な表象　109
心的平衡　45
人物表象　127
スィーガル Segal, H.　18, 36, 60, 61, 65, 77, 168
垂直自由連想　181
水平自由連想　168
スーパーヴィジョン　165, 188
スキゾイド機制　29, 61, 67
図形化する力 figurability　123
鈴木大拙　162, 163
スタイナー Steiner, J.　36, 37
ストレイチー Strachey, J.　11, 29, 152, 157
スプリッティング　11, 29, 51, 61, 62
世阿弥　180
性愛的行動化　19
性愛転移　69
精神病性不安　52, 53, 194
西欧二価論理　161
「制止，症状，不安」　10, 12, 25
精神的な筋肉　163
精神病　102
　──の精神分析　14, 58, 60, 61
精神病性転移　26, 61, 62, 119, 120
精神病性の破綻　93
精神分析　19
　──の原点　196
精神分析過程　3, 41, 42, 85, 86, 88, 105, 110, 125, 126, 151～153, 181, 194
精神分析実践での二つの方法　186
精神分析設定　194
精神分析の方法　154, 157, 158, 176, 178, 189, 192
精神分析プロセス　56
精神療法家　196
絶対的依存　51, 54
絶対的真実　109, 160, 177

絶望　15, 65, 92, 94, 128, 178
絶滅恐怖　14
禅　161, 162
前意識的な意図性　165
前概念（D）　85, 117
前期ビオン　58, 61
　──と転移　60
全体状況　18, 24, 30, 34, 37～39, 41～43, 45, 48, 69, 111, 175
選択された事実　137, 154, 176, 182, 186, 193
羨望　63～66, 94, 164, 184
　──と感謝　66
双眼視　40, 139, 180, 186
双・眼性 bi-ocularity　123
早期エディプス状況　64
総合的状況　30
喪失の不安　9
想像的推測　63, 66, 67, 104, 184
ソーン Sohn, L.　36, 37
粗野な概念　169, 185
存在すること　50
　──の連続性　51
存在論 ontology　v, 58, 159, 161, 163, 178, 195
存在論的パワー　176

た行

ターニングポイント　87
退行　3～6, 28, 49, 53, 55, 56, 57, 85, 106, 124, 125
　──した思考　118
　──の必要性　54
対象　141
対象関係論　11, 18, 73, 85, 174, 189
代数計算式（H）　85, 114, 118
第二の皮膚　14
大量な投影同一化　59, 110, 112
鷹　165
脱学習　194
達成の言語　111, 184, 185
短期心理療法　152

断片的な物語り　86
鍛錬　180, 188
チェスの喩え　187
父親転移　22, 100, 113
注意　114
注意と解釈　87
中間領域　24, 25, 57
中期ビオン　v, 58, 68, 181
　——と転移　68
中動態 middle voice　163
中立性　113, 167
頂点　159
直観　124, 137, 154～158, 162, 169, 176
　～178, 182, 184, 191, 192, 194
　——の濫用　188
　——を使う帰納法　34, 193
直観力　163
治療者の失敗　49, 53
　——と精神分析の成功　55
通路　76, 79, 80
通路に　160, 163
つがいグループ　59, 60
つかの間　76, 79, 114, 124, 139
　——の漂う視覚イメージ　123
抵抗　3, 4, 6, 23, 25, 27, 28, 45, 125, 145,
　155, 189
ディック　32
テイラー Taylor, D.　36, 159, 175
デカルト的二元論　68, 160, 175
的確な概念　169, 185
転移　3, 4, 6, 16, 21, 38, 139, 160
　——の定義　23
　——の2水準　49
　——の起源　11, 25, 29, 86, 107, 109
　——の劇化　112
　——の原基　63
　——の実在化　125, 127, 178
　——のダイナミックス　126
　——の分析　28, 31, 40, 100
　——の文脈　35, 65, 76, 78, 79, 91, 139,
　147
　——の本質　24, 86, 130

　——の本体　166
　——の力動　23
　——を構成するもの　96
　——を使用すること　40, 43
　現代クライン派の——　42
転移解釈　11, 28, 29, 33, 34, 46～48, 69,
　93, 96, 146
　——の4水準　47
　理想的な——　166
転移過程　194
転移現象　vi, 50, 85～87, 99, 100, 101,
　108, 110, 111, 112, 118, 125, 126, 128,
　130, 137, 139, 147, 160, 166, 175
　——の3要素　85
　——の起源　85, 108
　——の構成要素　101, 137
転移惹起解釈　29
転移状況　11, 25, 30, 31, 33, 71, 112, 130
転移神経症　25, 28, 50, 70, 71, 99, 101,
　112, 113, 118
転移性結合　77
転移性恋愛　19, 20, 127, 128
転移体験　176
転移対象　47, 86, 87
転移抵抗　25
問い　114
ドイツ精神分析　104
道　163
投影逆同一化　113
投影同一化　11, 14, 15, 29, 34, 35, 41, 44,
　59, 61, 62, 65～67, 72, 73, 77, 108, 110,
　111, 122, 140, 141, 145, 154, 155, 164,
　173, 186
　——と逆転移の使用　45
　——の受け手　167
　——を拒絶する対象　140
投影変形　70～73, 126
道元　162
統合失調症　25, 60, 61, 63, 67, 68, 76, 77,
　102, 116
　——の転移　67, 77
独立学派　v, 68, 111

突破 break through　88
鳶　165
富田悠生　123
トラウマ　194
ドラ・ケース　21, 22, 24, 47, 71, 97〜100, 126, 155, 156
　──の第一の夢　99
トロッター Trotter, W.　158

な行

内的現実　108, 109
内的視覚　120
内的視覚像　101, 104, 121, 123
内的世界　27, 49, 56, 108, 110, 164, 175
内的設定　vi, 167, 178, 181
内的分析設定　167, 178, 186
眺め view　124
夏目漱石　32
名前を欠くひどい恐怖　14, 74, 140
ナルシシズム　50, 52, 67
喃語　116
二価論理　68, 192
二次過程　72, 100, 114
西平直　180, 186, 193, 194
二重写し　180
二重の見　180, 186
日本精神分析協会　190
乳幼児性愛　70, 71, 76
人間的な何か　192
認識論 epistemology　v, 37, 68, 118, 159, 164, 169, 174〜176, 189, 190, 192, 195
　──期ビオン　58
　──に基づいた演繹法的アプローチ　34, 158, 174, 195
ヌーメノン　86, 108, 109, 114, 159
ネガティヴ・ケイパビリティ　21, 39, 124, 180, 181, 184
『ノヴム・オルガヌム』　158
能動態 active voice　163
能動的な受入れる用意 active receptivity　167

は行

パーソナリティ　108
パーソンズ Parsons, M.　v
排出する　14, 67, 73, 89
ハイマン Heimann, P.　5, 11, 12, 34, 35, 40, 43, 44, 76, 138, 139, 142, 155
　──的な逆転移　5
　──の逆転移論　35, 43, 154, 175
バガヴァッド・ギーター　161
はかない　160, 163
破局　62, 87, 92, 93, 153
　──の感覚　90
破局的転移体験　87
破局的変化　14, 39, 88, 188
破局不安　14
迫害不安　9, 10, 13, 14, 16, 29, 91, 92
破綻　87
　──の怖れ　14, 52, 53, 74
発生的解釈　99
母親のα機能　141
母親の原初的没頭　54
母親の失敗　55
パラダイムシフト　v, 158, 176, 192, 195
バロス Barros, R.　123
反転できる展望　73
万能空想　95, 110
反復強迫　24, 87, 106, 130, 144, 145, 166
ビック Bick, E.　14
美　176, 193
ビオン Bion, W. R.　v, 5, 14, 15, 18, 20, 35, 36, 39, 43, 49, 51, 54, 58〜80, 85, 87, 88, 96, 97, 101, 103, 104, 107〜110, 113, 114, 116〜118, 121〜124, 126, 130, 138〜142, 156, 158〜164, 170, 176, 178, 180, 181, 184, 188, 192, 193
　──のケース　74
　──の実践法　158
　──の精神分析　v, 73
　──の臨床姿勢　101
　前期──　→ 前期ビオン
　中期──　→ 中期ビオン

後期―― → 後期ビオン
ヒステリー　19, 21, 22, 97～100, 101, 126
ヒステリー・夢・転移　97, 100, 113
人としてよい態度　167
非表象　194
非表象水準　109, 162
　　――の思考　86
　　――の転移　49, 51
非表象領域　53, 55, 117
表意運動活動　103
表意文字　108, 117
表記　114
表象　117
平等に浮かんで漂う注意　178, 181, 195
平等に漂う注意　5, 8, 87, 101, 147, 195
病理構造体　37
ビルクステッド・ブリーン Birkstead-Breen, D.　123
ヒンシェルウッド Hinshelwood, R.D.　34, 35, 42, 56, 142
負　163
不安　8, 10, 11
　　――と転移　8
　　――の性質　12, 13, 15, 39, 45
フィールドセオリー　180
フェニヘル Fenichel, O.　165
フェルドマン Feldman, M.　36
フェレンツィ Ferenczi, S.　19, 27, 60, 157
フェロ Ferro, A.　v, 58, 124
深い悲しみ　90
フク・ヘルムート Hug-Hellmuth, H.　27
不幸　20
プサイ（ψ）　114
フリース Fliess, W.　126
フリース体験　22, 100
ブリトン　36, 193
プレイアナリシス　27, 31, 157, 167, 174
プレイグラウンド　24
ブレンマン・ピック Brenman Pick, I.　37

フロイト Freud, S.　vi, 6, 10, 12, 13, 18 ～25, 27, 28, 37, 42, 46, 47, 60, 62, 66, 68, 70～72, 76, 81, 96～101, 103, 106, 108, 112～114, 117～120, 123, 126, 128, 130, 140, 154～158, 160, 165, 167, 174, 176, 178, 180, 184, 187, 188, 190, 192, 195
　　――の実践法　155
　　――の体験　97
　　――の治療観　19
　　――の転移論　19, 81, 126, 160
　　――の統合失調症ケース　25
　　――の不安論　12
フロイト，アナ Freud, A.　11, 27, 28
フロイト，クライン，ビオンの流れ　141
プロトメンタル・システム　161
分析家という人物　126
分析家の内なる空間　137
分析家の機能　168, 181
分析家のこころ　126, 137
分析家の注意　54
分析的態度　126, 167, 180, 194
分析の文脈　64, 65
分析の方法　181
分節化　182, 184
分離不安　12, 13
閉所　143～145
ベーコン Bacon, F.　158
β要素　67, 73, 85, 87, 109, 114, 116, 117, 119, 120, 140, 169
　　――の排出行動　119
ヘリゲル Herrigel, E.　162
ベル Bell, D.　111
ベルモート Vermote, R.　58, 168, 175, 181
変形理論　70, 126
変容惹起解釈　152, 157
ポアンカレ Poincaré, H.　154, 158, 176, 177, 193
防衛　3～6, 8, 9, 11, 14, 15, 28～30, 33, 37, 41, 43, 46, 48, 49, 52, 53, 66, 97, 110,

111, 123～125, 127, 167
防衛システム　11, 38, 40, 45, 48, 174, 195
崩壊　87
ボウルビィ Bowlby, J.　13
飽和　87, 88, 153, 181
ホールディング　53, 54, 57, 168
補間　169
ポジション　31, 37
母子分離　13
補助自我機能　54
ポストビオニアン・フィールド理論　58
ボテラ，C. Botella, C.　123
ボテラ，S. Botella, S.　123
本体論　178
ほんとうの自己　160

ま行

マーラー Mahler, M.　13
-K　68, 69
前田重治　181, 186
マスターソン Masterson, F. J.　13
未消化な事実　73
未生無　161
見捨てられ抑うつ　13
未知　153
未飽和　87, 88, 153, 169, 181
見ること　v, 5, 101
無　161～163
無意識　169, 189
　　——のコンテクスト　166
無意識的空想　11, 16, 27, 31, 40, 42, 49～51, 55, 108, 109, 111, 117, 164, 165, 167, 168, 170, 171, 174～176, 186, 189
　　——の物語り　172
　　——を知る方法　187, 188
無意識的コミュニケーション　124
無限　168
無限領域　168, 181
ムザン　123
無常観　163
無心　162, 179, 180, 184, 192

——に臨む　193
無注意の注意　181, 186
村上春樹　88, 153
メルツァー Meltzer, D.　36, 37, 87
面接室全体　126
面接室という空間　129
妄想　9
妄想気分　50
妄想性ヒステリー　74
妄想性不安　13, 14, 29
妄想体験　16
妄想・分裂ポジション　14, 30, 50, 158, 181
盲目　180
モーソン Mawson, C.　159
持ちこたえる能力　20
モネーカイル Money-Kyrle, R.　68
もの想い　5, 6, 8, 67, 104, 122～124, 138～146, 169, 178, 183, 186
物語り narrative　6, 70, 103, 112, 113, 164, 178
　　——形成　111
　　——的派生物　124
物語り性　16, 96, 97, 100, 113, 114, 117, 118
もの自体　79, 81, 85, 116, 160, 193

や行

ヤージニャヴァルキャ Yājñavalkya　162
役割応答　35
役割対応　111
有限　168
優劣関係での競争　73
夢　16
夢解釈　105, 156
　　——の臨床版　97
夢作業　97
夢作業 a　97
夢思考　70, 97, 99, 117, 120, 124
夢思考・夢・神話　85, 114, 117～120, 169

夢物語り　113
陽性転移　9, 23, 25, 28, 31, 69, 89
抑圧　10, 117, 119
抑うつ状態　89
抑うつ不安　9, 13, 15, 16, 29, 131, 132
抑うつポジション　15, 30, 33, 50, 158, 166, 181

ら・わ行

ラットマン　23, 71, 112, 113, 118, 119
ラテラル・コミュニケーション　39, 43, 96, 194
ランク Rank, O.　12
乱暴な分析　139, 188
離見の見　180
リチャード・ケース　31, 168
リックマン Rickman, J.　60
リンズレイ Rinsley, D. B.　13
ルビンの盃　181
レビン Levine, H.　190
恋愛転移　69
連結することへの攻撃　63, 64, 65, 67
ローゼンフェルド Rosenfeld, H.　36, 37, 60, 61, 65, 77, 78, 168
ロス Roth, P.　46, 47
ロペス - コルボ Lopez-Corvo, R.　160, 161
ロレンツァ Lorenzer, A.　105, 106
ワークスルー　24, 55, 89, 119, 130

アルファベット

at-one-ment（瞬間的な一体）　76, 160, 163, 177

Baron von Dirsztay　25
Becoming O　160, 163

C「夢・夢思考・神話」水準　70, 113

D　181
　——と安心・安全　181
　——と凝集　181

G「科学的演繹体系」　70
gleichschwebende Aufmerksamekeit　165, 178, 195

H（憎むこと）　69

K（知ること）　69
K → O　159, 170
K link　176

L（愛すること）　69

O　109, 118, 160, 164, 175
O → K　70, 159

PS　181
　——と断片　181
　——と忍耐　181

著者略歴

松木邦裕（まつき　くにひろ）
1950年　佐賀市に生まれる
1975年　熊本大学医学部卒業
1999年　精神分析個人開業
2009年　京都大学大学院教育学研究科教授
現　在　精神分析個人開業，京都大学名誉教授，日本精神分析協会正会員
著　書　「対象関係論を学ぶ」（岩崎学術出版社），「私説対象関係論的心理療法入門」（金剛出版），「精神分析体験：ビオンの宇宙」（岩崎学術出版社），「不在論」（創元社），「精神分析臨床家の流儀」（金剛出版），「こころに出会う」（創元社），「耳の傾け方」（岩崎学術出版社），「パーソナル精神分析事典」（金剛出版），「体系講義 対象関係論 上・下」（岩崎学術出版社）その他
訳　書　ケースメント「患者から学ぶ」，「あやまちから学ぶ」，「人生から学ぶ」（訳・監訳，岩崎学術出版社），「再考：精神病の精神分析論」，メルツァー「クライン派の発展」，ラスティン「リーディング・クライン」，ロペス・コルボ「ビオン事典」，ヴェルモート「リーディング・ビオン」（監訳，金剛出版）

転移覚書
―こころの未飽和と精神分析―
ISBN978-4-7533-1247-4

著者
松木 邦裕

2024年9月18日　第1刷発行

印刷　（株）新協　／　製本　（株）若林製本工場

発行所　（株）岩崎学術出版社　〒101-0062 東京都千代田区神田駿河台3-6-1
発行者　杉田 啓三
電話 03(5577)6817　FAX 03(5577)6837
©2024　岩崎学術出版社
乱丁・落丁本はおとりかえいたします　検印省略

体系講義 対象関係論（上）——クラインの革新とビオンの継承的深化
松木邦裕著
フロイト，アブラハムの業績から対象関係論の本体としてのクラインを詳説

体系講義 対象関係論（下）——現代クライン派・独立学派とビオンの飛翔
松木邦裕著
現代クライン派精神分析の解説に加え独立学派を展望

対象関係論を学ぶ——クライン派精神分析入門
松木邦裕著
徹底して臨床的に自己と対象が住む内的世界を解く

耳の傾け方——こころの臨床家を目指す人たちへ
松木邦裕著
支持的な聴き方から精神分析的リスニングへ

精神病状態——精神分析的アプローチ
H・ローゼンフェルド著　松木邦裕/小波藏かおる監訳
クライン派第二世代三傑の一人による卓越した著書の待望の邦訳

道のりから学ぶ——精神分析と精神療法についてのさらなる思索
P・ケースメント著　上田勝久／大森智恵訳　松木邦裕翻訳協力
ケースメントの「学ぶ」シリーズ第5弾

患者から学ぶ——ウィニコットとビオンの臨床応用
P・ケースメント著　松木邦裕訳
治療者‐患者関係を再構築した新しい治療技法論

米国クライン派の臨床——自分自身のこころ
R・ケイパー著　松木邦裕監訳
明晰かつ率直な形式で書かれた精神分析についての卓越した分析

連続講義 精神分析家の生涯と理論
大阪精神分析セミナー運営委員会編
フロイトから現代米国まで発展に貢献した分析家の生涯と思想